As Cores no Coração

CIP-BRASIL. CATALOGAÇÃO NA PUBLICAÇÃO
SINDICATO NACIONAL DOS EDITORES DE LIVROS, RJ

L652c   Lewis, Lux
         As cores no coração : a escuta do ser / Lux Lewis. – 1. ed. – Porto Alegre [RS] : AGE, 2023.
         172 p. : il. ; 18x18 cm.

         ISBN 978-65-5863-241-2
         ISBN E-BOOK 978-65-5863-242-9

         1. Vida. 2. Conduta. 3. Citações. 4. Máximas brasileiras. I. Título.

23-86362   CDD: 869.8
                         CDU: 82-84(81)

Gabriela Faray Ferreira Lopes – Bibliotecária – CRB-7/6643

LUX Lewis

As Cores no Coração:
a escuta do SER

Editora AGE

PORTO ALEGRE, 2023

© Luciane Lewis Xerxenevsky, 2023

Capa e lustrações:
Luciane Lewis Xerxenevsky

Diagramação:
Luciane Lewis Xerxenevsky

Supervisão editorial:
Paulo Flávio Ledur

Editoração eletrônica:
Ledur Serviços Editoriais Ltda.

Reservados todos os direitos de publicação à
LEDUR SERVIÇOS EDITORIAIS LTDA.
editoraage@editoraage.com.br
Rua Valparaíso, 285 – Bairro Jardim Botânico
90690-300 – Porto Alegre, RS, Brasil
Fone: (51) 3223-9385 | Whats: (51) 99151-0311
vendas@editoraage.com.br
www.editoraage.com.br

Impresso no Brasil / Printed in Brazil

Agradecimentos:

Aos mestres, professores e entes queridos: verdadeiros guias de luz.

À rede de pessoas de luz.

Às pessoas que sempre me apoiaram nos meus sonhos.

Aos meus filhos.

Ao amor verdadeiro.

Dedico este livro ao

                Pequeno Príncipe,

conexão e inspiração da

criança interior, do

                Amor Verdadeiro!

Sumário

Prefácio (Maria Elena Pereira Johannpeter) 10
Palavras da autora em 2014 12
Palavras da autora em 2023 18
1. ENTUSIASMO 39
2. PRESENÇA 49
3. CURA 61
4. FÉ 73
5. AÇÃO 85
6. AMOR 97
7. TRANSMUTAÇÃO 113
Uma mensagem, uma inspiração 126
As Cores no Coração: a escuta do SER por 129

Prefácio

Ao terminar a leitura do livro que você tem agora em suas mãos, a frase da autora Lux, "...anestesiado no piloto automático, seguindo desvios e distrações da vida e nos esquecemos de quem somos em ESSÊNCIA", me roda, ainda, na cabeça. E por isso a pergunta imediata que me fiz e, tenho certeza, é feita com muita frequência por você também: por que é tão mais fácil olharmos para o outro, para o que está fora de nós, do que mergulharmos em nós, se já sabemos que tudo começa nesse pequeno núcleo chamado "eu"?

A querida Lux dá um primeiro vislumbre, bem lúdico, para quem quiser se aventurar a encontrar respostas surpreendentes, porém tendo em mente o que o grande poeta espanhol Antonio Machado (1875-1939) expressou em um de seus versos: "Caminhante, não há caminho. O caminho se faz ao andar. E ao olhar-se para trás, vê-se a senda que jamais se há de voltar a pisar".

Assim, as trajetórias são individuais. Os caminhos, respostas e significados são individuais. Os projetos de vida, os conceitos norteadores são individuais. Lux te pergunta: quais são as palavras-chaves que representam teus conceitos norteadores? Qual o algoritmo que te conduz?

Todos nós Seres Humanos temos e respondemos a quatro inteligências: Física, Mental, Emocional e Espiritual. E também agimos sob a influência de três consciências: Individual, Coletiva e Espiritual. É a soma de todos esses níveis que faz QUEM SOMOS. Em conclusão: somos SERES inacabados, o que é maravilhoso. Estamos nos inovando sempre.

A expressão DESCANSE EM PAZ inexiste. A VIDA é movimento, é transição, é abrir e fechar ciclos sempre. É algoritmo novo sempre.

Pergunta (transitória): o que VOCÊ fará hoje, agora, para não cair no piloto automático?

Maria Elena Pereira Johannpeter
Fundadora da ONG Parceiros Voluntários

Palavras da autora em 2014

Imagine que você está diante da sua biblioteca de vida. Na seção dos relacionamentos, alguns livros na estante, alguns livros ainda por chegar. O fechamento de um relacionamento é um dos momentos mais críticos da vida, certamente uma **oportunidade ilimitada de aprendizado e crescimento.**

Quando você passa por isso – inevitavelmente, todos os que vivem relacionamentos passamos –, faz parte do nosso ciclo de aprendizado na vida, acredite, todos passamos. Pensem comigo, e quando o relacionamento termina com a morte de um dos companheiros, ali o fechamento da história neste plano será escrito. Sim, esta é uma Lei do Universo: os **ciclos são finitos**.

Voltando para a biblioteca da vida, os livros estão disponíveis, não para relatar a história, e sim para **escrever os aprendizados sobre a história.** Escrever é uma forma de cura; organizar a história, colocar no papel e ver a história de fora transforma e ressignifica o passado. Ressignificar o passado liberta a alma para voar novas experiências.

LUX Lewis

Existem várias formas de escrever, e não escrever, é claro, também é uma opção. Existem várias formas de fechar esses livros:

1) Alguns fecham rápido: rapidamente recolocam o livro na estante, muitas vezes o livro em branco. A ansiedade está em recolocar rapidamente o livro na estante. Mergulhar e refletir não faz parte desse livro. Somente com o tempo o olhar e reflctir para a experiência acontece, e está tudo bem, tudo acontece ao seu tempo.

2) Outros resolvem escrever por muito tempo: com dor e sofrimento, retardando o fechamento e a guarda do livro na estante; o medo de deixar ir é maior. Aqui o cuidado é com a dependência emocional e o quanto nos acostumamos com a dor sem nos darmos conta.

3) Outros resolvem escrever com amor e compaixão: no seu tempo, o suficiente para ampliar a consciência e seguir.

Lembre-se: não existe certo ou errado; **existe o que você consegue viver naquele momento.** Tudo acontece no tempo certo.

Quanto mais clareza e maturidade desse processo, maior será sua possibilidade de fluir com leveza e capturar os aprendizados; essas são as chaves que libertam. A consciência sempre nos liberta.

Tudo é aprendizado, chega para gerar o aprendizado, faz parte da caminhada, para sermos seres melhores. **Tudo ocorre no tempo certo, na intensidade certa.**

Então, por que sofremos? Muitas vezes, o sofrimento ocorre no descompasso da velocidade de fechamento dos livros entre os envolvidos.

O que a mente faz e o que o coração sente estão em desordem, o tempo de um é diferente do tempo do outro, muitas vezes o que é comunicado não é a realidade. Ainda não existe a maturidade para as conversas verdadeiras, ou os envolvidos não têm a consciência de saber o que está acontecendo.

A confusão, o egoísmo e o medo direcionam as ações que muitas vezes machucam os envolvidos. Raros são os casos de maturidade, em que o processo possa ser realizado com honra e cuidado. Onde o olhar para os dois prevalece sobre o olhar individual. Onde a essência e o coração guiam as escolhas e as ações.

Mas acredite: existe leveza no fechamento da história quando os dois aceitam viver esse processo honrando a história vivida. O que é honrar a história vivida? Acredite que viver esse processo com honra é olhar a todo instante o outro sob a perspectiva da **LUZ.** É cuidar, é acolher com companheirismo, amizade e compaixão, você e o outro. É ter a humildade de perceber que estamos todos no processo de evolução.

No tempo certo, juntos é possível escrever o "THE END" da história do relacionamento com leveza e amor. A dor é inevitável ao processo. Para a dor existem dois caminhos: o SOFRIMENTO ou a LIBERDADE.

No meu processo, escolhi a LIBERDADE, sempre!

Escolhi escrever e fechar o livro no tempo que deveria ser; meus aprendizados mais profundos, aquilo que pulsou no meu coração foram registrados com amor, com o olhar da luz.

Dessa escrita nasceu a série **AS 7 CORES DO CORAÇÃO**, um conjunto de frases e desenhos de inspirações, de pensamentos, de aprendizados, do sentir, do coração, do movimento, da vida e da arte.

Renasci quando senti as 7 cores do coração, as cores que devem nutrir e estar sempre ativas dentro de nós, **as 7 chaves do coração!** Reativar a energia das 7 cores no meu coração fez eu renascer em vida ao sair de uma depressão profunda com leveza, consciência, velocidade e amor.

O processo foi intuitivo, construído no dia a dia, a cada situação. Com a abertura do Registro Akáshico no dia a dia, estava entregue para aprender a sentir e seguir minha voz do coração. Viver, refletir, aprender e sistematizar, esse foi o processo de caminhada e evolução. No interior, o desejo profundo de curar meu coração e seguir.

LUX Lewis

Ao escrever meus aprendizados senti:

1) no AMARELO: o ENTUSIASMO, a ENERGIA VITAL;
2) no LARANJA: a PRESENÇA no aqui e agora, ampliar a CONSCIÊNCIA no presente;
3) o poder da CURA interior: manifesto no VERDE,
4) no AZUL: a FÉ/CONEXÃO da presença do divino em cada um, o equilíbrio das energias;
5) no VERMELHO: a AÇÃO que impulsiona e transforma;
6) no ROSA: o AMOR manifesto em luz;
7) e no LILÁS: a TRANSMUTAÇÃO de cada um de nós, o que cada um consegue fazer de melhor na sua vida.

Este é um livro vivo que espero possa inspirar muitas pessoas a escreverem as mais belas obras de suas vidas! Acredite: a paz chega quando escrevemos o THE END e recolocamos o livro na estante, simples assim. Fechamento de ciclos faz parte da vida. A paz chega quando abrimos um novo livro, abertura de um novo ciclo.

LUX Lewis

REFLEXÃO:

Como você está construindo a sua **biblioteca de vida?**

Aproveite...

Mergulhe nesta experiência!

Palavras da autora em 2023

Escrevi "As 7 Cores no Coração" quando passei por um dos momentos de maior mergulho interior na minha vida. Naquele momento eu não entendia o que acontecia, caminhava sem ver, apenas caminhava. **Conectar com as 7 chaves no coração**, com as 7 energias, fez eu **passar pelo processo de morte e renascimento com um profundo aprendizado sobre quem eu sou, fez em renascer em luz.**

Passaram-se 9 anos, muitas alegrias, tropeços, descobertas e experiências. A consciência e os aprendizados se ampliaram. Pesquisar, vivenciar, parar, refletir, mergulhar no interior, esse foi o processo. Hoje vejo que **as 7 cores fazem parte de uma Tecnologia de Alma muito mais ampla.** Foi sendo revelada a partir da caminhada, de muito trabalho, dos estudos, de reflexões, da autoaplicação, da curiosidade, da coragem e do querer genuíno.

Aprender todo o dia, todos os dias, quem sou, essa é a forçar mobilizadora que me impulsiona e inspira, que me faz sentir viva. Que me faz feliz, que dá sentido a tudo isso.

LUX Lewis

Tecnologias de Alma são ferramentas, técnicas utilizadas para ampliação de consciência sobre quem somos, de sentir a nossa essência. Viver essa coerência entre o sentir e o agir, criar experiências extraordinárias. Essa forma de ver o mundo torna a jornada mais leve e em paz. Esse mergulho acelerado pelas tecnologias de alma amplia nossa capacidade de amar e sermos amados.

As Tecnologias de Alma que utilizo e que permeiam este livro foram acessadas com abertura dos meus Registros Akáshicos, que passou a acontecer no dia a dia. Sempre acredito que a espiritualidade, o acesso e a conexão estão a serviço de transformar nosso dia a dia em algo cada vez melhor. Somente a ampliação da consciência é que nos permite acessar a verdadeira liberdade de sermos quem somos.

Desmitificando a espiritualidade como algo distante, complexo ou para poucos, meu trabalho e busca é a espiritualidade na prática, simples, sem ilusões, para todos, conectada com a energia da 5.ª dimensão – energia do amor. Espiritualidade para tornar seu dia a dia melhor. Os princípios do meu trabalho e aprendizado:

1) AMOR: tem que ser na energia amorosa nutridora, aprender no amor, não mais na dor. A conexão e o compromisso com a missão de amar e ser amada.

2) **VELOCIDADE**: a transformação e cura é para agora. Aquilo que demorava 10 anos pode ser resolvidos em horas, dias, meses ou anos, cada vez em maior velocidade.
3) **AUTORRESPONSABILIDADE**: é minha responsabilidade fazer as práticas diárias e ter disciplina para avançar, é o meu querer que movimenta a vida.

Este livro é um convite; vamos juntos mergulhar no nosso interior com muita leveza e amor. Vamos juntos acelerar nosso processo de evolução; então, imagine comigo:

Imagine que você está diante de 4 portas. Cada porta é uma sala de aula de aprendizados de vida. Sim, a **vida é uma grande escola**. Você já se perguntou o que estamos aprendendo aqui? Qual nossa missão? Propósito?

Lembre-se, **tudo é aprendizado; estamos aqui em processo de evolução, para sermos a nossa melhor versão todos os dias, todo o dia, para ampliar nossa capacidade de amar e sermos amados, para ampliar o nosso autoamor.**

Se vivemos um processo evolutivo, estamos em constante aprendizado; se estamos em constante aprendizado, estamos vivendo a escola da vida e escolhemos, a qualquer instante, em qual sala de aula vamos entrar e quantas vezes vamos repetir a série. Ampliar a consciência, aprender é avançar na evolução e acessar a verdadeira liberdade.

Em meu processo de experimentações e descobertas, foi possível mapear as salas de aulas em que já transitei na vida:

1.ª porta: Disciplina do TER para APARECER
2.ª porta: Disciplina do TER para SER
3.ª porta: Disciplina do SER para TER
4.ª porta: Disciplina do SER para COCRIAR

Na primeira porta, a sala de aula que nos ensina o **TER para APARECER**. Normalmente iniciamos nossa vida aqui. Inconscientemente ou conscientemente, queremos fazer e mostrar para nossos pais ou para quem nos cuida que fazemos, que conseguimos, que somos especiais para receber o amor, o reconhecimento. Algumas profissões e escolhas nos colocam nessa armadilha de passarmos muito tempo nessa condição. Repetindo a série, às vezes a vida inteira, sem perceber o paradigma que nos rege. Reflita que tipo de relações criamos quando estamos nesta sala de aula? Que tipo de relação vivemos quando trocamos com pessoas que estão nesta sala de aula?

LUX Lewis

Na segunda porta, a sala de aula que nos ensina o **TER para SER**. Quantas vezes já ouviu alguém dizer "quando eu tiver um trabalho", ou "quando eu tiver uma casa" serei feliz. Nos mobilizamos para construir e conquistar coisas para nos sentirmos felizes. Aqui o paradigma é ter algo para ser feliz.

Às vezes, nos colocamos na armadilha de não olhar para o lado e ver quem nos acompanha; seguimos cegos para conquistar e assim poder usufruir. E algumas vezes quando chegamos, já não existe mais nada de verdadeiro ao nosso lado, perdemos o que era verdadeiro no caminho e não nos damos conta.

Aqui corremos o risco de perceber o vazio interno somente mais adiante, pois esquecemos de olhar para aquilo que sentimos e nos faz bem, esquecemos de olhar para as pessoas que amamos e que estão na nossa volta. A conquista e a construção do sonho podem cegar.

Conquistar sempre é importante, mas a que preço? De que forma estamos construindo nosso caminho? Essas são boas reflexões.

Na terceira porta, a sala de aula **SER para TER**. Aqui viramos uma chave importante. Podemos ser felizes antes de conquistar algo; sim, podemos ser felizes e o fazer e conquistar será uma consequência daquilo que sentimos. O paradigma muda.

LUX Lewis

O fazer passa a estar alinhado com a nossa essência, com o sentir genuíno. Abrimos espaço para escutar a voz do coração. Então a magia acontece, as sincronicidades acontecem, o movimento se faz com leveza e em velocidade.

Ampliamos nossa consciência para o que nos faz bem e para aquilo que não nos faz bem. Ampliamos nossa consciência sobre aquilo que está na nossa volta. As relações verdadeiras, as relações que nutrem nossa alma. Nada passa despercebido, tudo faz parte de um movimento. Essa é a beleza desta sala de aula, o sentir ganha um espaço.

A reflexão aqui é o quanto tem aberto espaço na sua vida para sentir? Abre espaço para parar e contemplar, para escutar seu coração?

Na quarta porta, a sala de aula **do SER para COCRIAR**. Aqui estamos de fato colocando em prática nossa essência de sermos criadores. Sim, em essência somos todos seres de criação. Sentimos e criamos algo no coletivo para o coletivo, a partir de um movimento individual do querer genuíno.

Aqui o extraordinário e a magia acontecem, todos os dias, todo o dia. Entendemos nossa força, nossa essência e a potência que somos. Entendemos que juntos criamos uma força ainda maior. E o que movimenta e permite o acesso e a materialização das ideias criativas é o nosso querer genuíno, nosso querer com verdade. Energia cristalina de construção.

Aqui é sentir, visualizar os cenários e suas emoções, seguir o pulso, movimentar o campo. O universo se coloca ao seu favor quando o querer é genuíno e vem de dentro do coração. O movimento se faz. Vê quem consegue sentir.

Importante do movimento do aprendizado e em que sala de aula escolhemos estar:

1) Podemos percorrer as séries na sequência ou pular, tudo depende do nosso querer.
2) Podemos ser felizes ou viver na dor em qualquer porta por que entrarmos.

Tudo é uma escolha de que frequência de vibração quero viver. Você que viver na direção do Sol ou na direção da Dor? São perguntas e reflexões importantes a fazer. Entender que escolhemos sempre a todo instante, e que não escolher também é uma escolha. Independentemente o movimento de mudança está sempre presente.

Observando, na minha rede de relações acredito que hoje 95% das pessoas que conheço vivem nas 1.ª e 2.ª séries, 4% escolhem viver na 3.ª série e 1% experimenta o extraordinário na 4.ª série. Todos têm a ferramenta da criação dentro de si; basta colocar em prática.

Ao viver nas portas 1 e 2, corremos o risco de o ego se tornar protagonista. Então a velocidade será mais lenta, as dificuldades e dores maiores, pois o universo fará os movimentos perfeitos para que possa parar e refletir para acessar a frequência do sentir/amor, nossa essência de alma. O que verdadeiramente "eu quero".

Viver nas portas 3 e 4 é deixar o fluxo da vida acontecer. O sentir é o guia e as sincronicidades acontecem em velocidade, a magia e o extraordinário se manifestam.

Vamos caminhar com ou sem consciência para a transformação. Olhar o caminho da evolução da vida a partir dessa metáfora da vida como uma escola, e as salas de aulas que estamos passando nos amplia a consciência. E quando ampliamos nossa consciência temos mais entendimento sobre as situações que vivemos e maior discernimento para fazermos as escolhas que potencializem nossa evolução.

Vamos para algo prático como as relações. Imagine o que acontece quando você quer cocriar na 4.ª porta, mas vive uma relação com alguém que escolher viver na 1.ª porta, na frequência de dor? Que energia precisa? Será possível essa expansão?

Reflita: colhemos o que plantamos a todo instante. Colhemos o que escolhemos.

Ampliar a consciência sobre onde estamos e onde os outros estão ajuda a **vivermos relações e parcerias mais saudáveis** e a entender o que trava nossa vida. Não dá para voar carregando pedras. **A consciência nos liberta sempre.**

O mistério da vida é muito mais simples do que pensamos. Somos seres humanos, em essência somos seres de criação. Sim, temos uma capacidade incrível de criar. Experimentar a 4.ª porta é nossa essência, o caminho natural.

Então, por que não criamos? Ou como ativar essa capacidade de criar? Por que nos esquecemos de utilizar essa nossa capacidade criadora?

Vivemos num paradigma em que o sucesso e o reconhecimento acontecem geralmente para as pessoas que transitam nas portas 1 e 2, ou seja, o paradigma do TER. Vivemos para TER algo ou alguém. Pouco nos ensinam como transitar para as portas 3 e 4, em que o paradigma é o SER, sentir. Nesse paradigma do SER, vivemos nossa potência de ser aquilo que somos em essência.

Parece simples viver nossa essência, viver nossa verdade, mas nem sempre é. O simples, o óbvio precisa ser exercitado antes de sermos anestesiados num piloto automático. Sim, muitas vezes acabamos ficando no piloto automático, seguindo os desvios e as distrações da vida, e nos esquecemos de quem somos em essência.

Em que paradigma queremos viver? Como transitar no novo paradigma? **Para transitar nas portas 3 e 4 precisamos voltar a aprender a sentir, voltar para a escola das emoções.** O universo cria os movimentos para ampliar a consciência do sentir, para libertar nossas almas prisioneiras, muitas vezes, das mentes e de ilusões.

Os instrumentos que fazem refletir são os momentos duros da vida. Não há quem não pare na hora do golpe. As principais *bumbuzadas* que nos fazem parar e refletir na vida são:

1) a dificuldade financeira;
2) a dor do luto por alguém querido, a separação ou a perda de algo que amamos muito;
3) doença sua ou de uma pessoa querida.

Podemos viver 1, 2 ou os 3 desafios juntos; quanto maior a resistência, maiores são os desafios. Tenha a certeza, diante desses desafios, qualquer ser humano se rende. Silencia para refletir; é nesse momento de silêncio que ampliamos e voltamos a abrir a capacidade de sentir.

Está na sua escolha aproveitar o momento de silêncio para ampliar sua consciência sobre o sentir ou não. Não olhar para isso pode significar continuar a repetir os ciclos. Lembre-se; mudamos de ciclo quando aprendemos, e aprendemos quando refletimos.

Lembre-se: **todos estamos em processo de evolução, estamos aqui aprendendo a amar.** Um dos grandes mistérios da vida é aprender sobre o autoamor, aprender a transbordar o amor para si e para o outro, aprender a receber o amor.

Todos os movimentos são para aprendizado sobre o amor, e o início de tudo é o autoamor. Mergulhar e expandir o autoamor faz parte primordial da nossa evolução. E como podemos avançar? Ampliando nossa consciência.

O **autoamor** é baseado em três pilares:

1) o **merecimento** – o quanto eu aceito que mereço;
2) o **cuidado** – o quanto disponibilizado tempo e atenção para cuidar dos meus pensamentos, do meu sentir e do meu corpo; e
3) o **respeito** – o quanto respeito o meu espaço sagrado e o espaço sagrado do outro. O quanto respeito os meus limites e os limites dos outros.

Viver com essa consciência e compromisso de ser melhor a cada dia gera o equilíbrio e a coerência entre o sentir e o agir. Então, o autoamor em equilíbrio gera o magnetismo; criamos o magnetismo a partir da energia do amor. Preencher nossos vazios e transbordar o amor. **O amor gera amor.**

Quanto mais olhar para nossa vida com a lente do sentir, com a luz e o amor, maior será a leveza, a fluidez, a consciência e o aprendizado. Quanto mais olhar com a lente da dor, mais difícil será passar pelos processos, e corremos o risco da armadilha de ficarmos sentados no "banco do castigo" ou no "banco da vítima", repetindo os ciclos sem entender por que esse movimento.

Sentimos a dor quando não entendemos o aprendizado, quando não enxergamos o que vem melhor no momento seguinte. Quando não olhamos nossa vida no sentido mais amplo da evolução. Olhar as dores com a lente da luz amplia nossa consciência e aprendizado.

O convite é para mudarmos juntos o paradigma do aprender na dor, para aprender no amor. É sair da posição de vítima para a posição de protagonista, é ser autor na nossa própria vida com a responsabilidade sobre nossas escolhas. Isso não significa que não se vai passar por situações difíceis; apenas que olharemos para os *desafios* com outra lente.

Lembre-se: todo *desafio* é um presente para nossa evolução, é livramento e proteção. O universo sempre nos protege, confia. O universo nunca erra.

A energia das 7 Cores no Coração **é** uma das Tecnologias de Alma disponíveis, uma base para avançar em velocidade, ampliar nossa cons-

ciência, libertar-se para viver a nossa essência, para viver cada vez mais quem somos. Para libertarmos quem somos.

Amplie sua consciência. Não dá mais para correr essa maratona descalço. Organize seu aprender, escolha o paradigma que quer viver, em qual sala de aula quer estar. A responsabilidade é sua.

Vamos preparar o terreno para o sentir, viver e cocriar. Vamos correr a maratona preparados, vamos viver nossa liberdade; esse é o convite genuíno. Liberdade é viver quem somos, viver nossa essência sem julgamentos ou castrações. É ter o espaço genuíno de acolhimento, compaixão para sermos verdadeiros.

Quando acessamos quem somos, acessamos nossa potência interior. E quando acessamos nossa potência interior é natural cocriar. Então, a cocriação floresce a partir do terreno das emoções nutrido com a liberdade de sentir.

Por onde começar? É como aprender a andar de bicicleta, um pouco a cada dia, logo irá voar e fazer o inacreditável. Vamos mergulhar; pense como você constrói uma casa?

Primeiro as fundações, paredes e o telhado, para depois fazer os acabamentos. Então, como as fundações de uma casa, pense primeiro num quadrado como base e mergulhe nas 4 cores, nas 4 energias-bases:

LUX Lewis

Quadrado-base das emoções: ENTUSIASMO, PRESENÇA CURA e FÉ/CONEXÃO:

Deixar essas energias vivas em você é o início da jornada de expansão. Mas o que é deixar a energia? É sentir circular a energia. É fazer aquilo que te faz bem, enchendo seu coração de alegria. É ter a consciência da gratidão e ser grato por tudo aquilo que acontece na vida, é estar em equilíbrio com o dar e receber, é confiar em algo maior e avançar na liberação de dores, é cuidar de você e caminhar no processo de sua evolução. Mas como movimento tudo isso?

Algumas reflexões que podem inspirar:

1) Descubra o ENTUSIASMO – o que faz sua energia vital explodir dentro de você? O que consome sua energia? Como você pode neutralizar o que consome e como você pode potencializar o que nutre você?

2) Descubra PRESENÇA/GRATIDÃO – o que transitou de força no seu passado e sinta e visualize seu futuro; isso cria um campo de energia de movimento no seu presente. Descubra como equilibrar o dar e receber na sua vida e o real significado da consciência de gratidão.

3) Descubra sua FÉ/CONEXÃO – o que você acredita quando está somente com você? Que energia circula no seu coração? Que energia faz você se sentir melhor? Silencie a mente para escutar a voz do coração.

4) Descubra a CURA – o que organizar seus pensamentos? O que faz você escutar a força que vem do seu coração? O que mantém seus pensamentos saudáveis? O que pode praticar de cuidado com você para elevar sua frequência? Como tem avançado na liberação das dores e na sua jornada de vida?

LUX Lewis

Muito bem, depois de consolidar as fundações a sua energia está fortalecida na base, terra adubada e preparada para o plantio. Então, avançamos nas próximas etapas, que são a construção das paredes e do telhado.

Para simplificar o entendimento, vamos olhar para as tríades dos movimentos: **cocriar, sentir e viver.** O que são tríades? As tríades são instrumentos para simplificar o entendimento de como podemos juntar as energias para gerar os movimentos de ação. São utilizadas como mapas de ação. O norte que guia é sempre a energia do AMOR, e na base ativamos duas energias que sustentam o movimento.

Tríade 1: COCRIAR – energia do Amor, da Ação e da Transmutação.

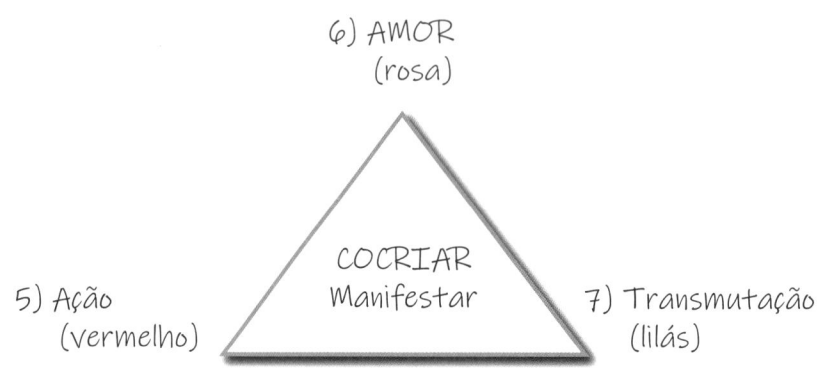

Esta tríade de COCRIAÇÃO tem como objetivo deixar o fluxo de energia criativa aberto para manifestar. A inspiração se transforma em algo concreto. Somos seres em essência de criação, e deixar ativa a energia da AÇÃO (vermelho) e da TRANSMUTAÇÃO (lilás) são os pilares, guiada pela energia do amor (rosa), é o movimento que impulsiona. Ou seja, as ações guiadas pelo coração são aquelas que transformam a realidade. Movimento gera o movimento. Quantas ideias você já transformou em realidade?

Tríade 2: SENTIR – energia do Amor, Presença/Gratidão e Conexão/Fé

Esta tríade é como um guia para identificar pessoas que estão abertas e seguindo o seu coração e pessoas que seguem fortemente a mente. O guia é a energia do amor (rosa) e os pilares são a Presença (laranja) e a Conexão (azul). Boas e nutridoras parcerias nascem da relação com pessoas com a capacidade de sentirem abertas. Relações saudáveis e com maturidade são daquelas pessoas que ampliaram sua capacidade de sentir, que estão presentes e conectadas com algo maior.

Tríade 3: VIVER – Amor, Entusiasmo/Energia Vital e Cura

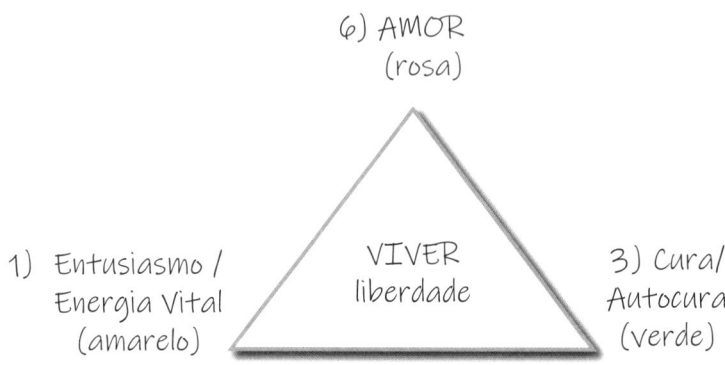

Esta tríade, viver feliz, é uma explosão de energia. Guiada pela energia do amor (rosa), os pilares são a Energia Vital/Entuasiasmo (amarelo) e a Cura/Autocura (verde). Quando assumimos a responsabilidade sobre nossas vidas e abrimos o sentir para a energia vital e tudo aquilo que é espontâneo, como a alegria de uma criança. O toque de midas acontece naturalmente, o voo liberta, a sabedoria de alma acontece; experimente a magia.

Em resumo, o movimento de abundância acontece regulando para a energia do sistema. Quando as 4 cores-base são ativadas e fortalecidas, para cada intenção e momento da vida, utiliza-se uma tríade de ativação – **cocriar, sentir e/ou viver** – para gerar o movimento. É como construir uma casa, um pouco a cada dia, e logo nosso lar vibrará da forma como sonhamos.

Quando fazemos nosso tema de casa e cuidamos das nossas emoções e do nosso sentimento, o mundo a nossa volta se transforma também. O movimento ganha força.

Este é um livro para inspirar com muita leveza e amor. Para ampliar o olhar e reconectar com a energia da alma, com suas emoções, para ampliar sua capacidade de sentir, e assim entregar-se na arte de viver verdadeiramente quem você é.

Acredite, a paz chega quando realinhamos nossa vida com nossa essência, quando vivemos a coerência de alma com o Pensar, Sentir e Agir alinhados.

As Cores no Coração

REFLEXÃO:

> Em que porta você está e em que porta você escolhe viver?

> Como estão as 7 cores no seu coração?

> Desenhe seu livro das 7 cores do seu coração.

Aproveite...

Mergulhe nesta experiência!

A qualquer tempo, desenhe o seu livro com suas 7 cores no coração!

LUX Lewis

ENTUSIASMO

As Cores no Coração

> A ARTE do ENTUSIASMO vem do encontro com você mesmo, em acender a LUZ em você.

As Cores no Coração

ENTUSIASMO está relacionado

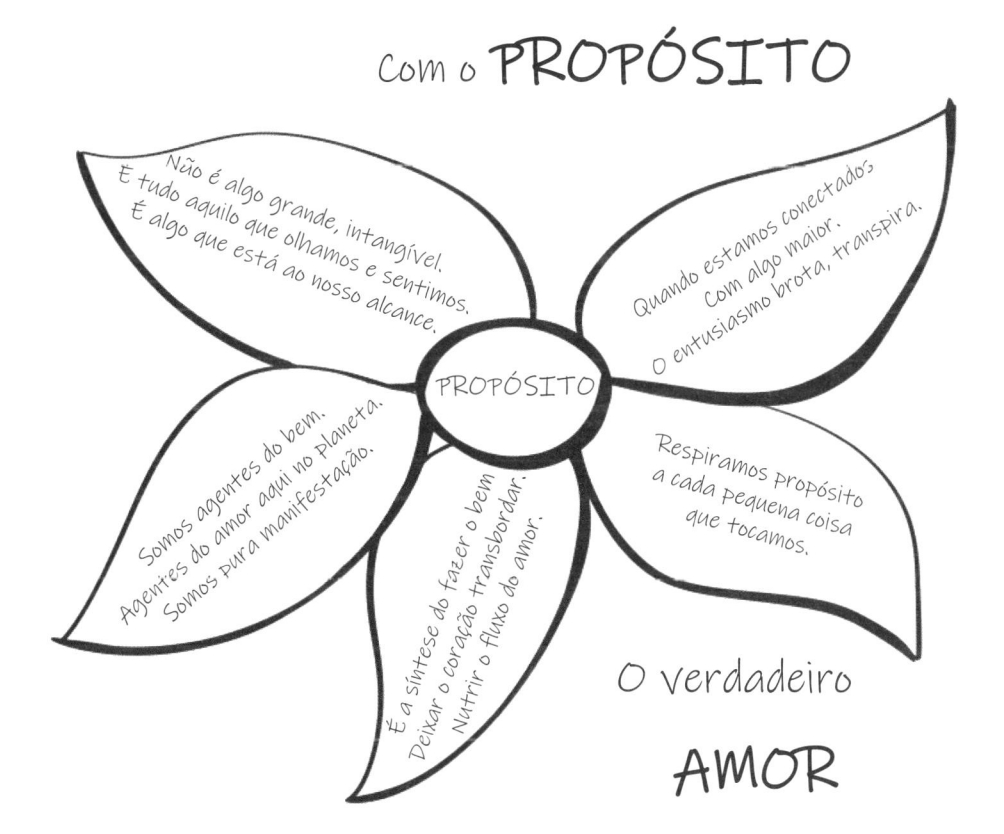

com o PROPÓSITO

PROPÓSITO

- Não é algo grande, intangível. É tudo aquilo que olhamos e sentimos. É algo que está ao nosso alcance.
- Quando estamos conectados, com algo maior, o entusiasmo brota, transpira.
- Somos agentes do bem. Agentes do amor aqui no planeta. Somos pura manifestação.
- É a síntese do fazer o bem. Deixar o coração transbordar. Nutrir o fluxo do amor.
- Respiramos propósito a cada pequena coisa que tocamos.

O verdadeiro

AMOR

LUX Lewis

As Cores no Coração

ENTUSIASMO...

SENTIR na simplicidade o fluxo da VIDA

SENTIR o PULSAR da VIDA no seu corpo

Na sua respiração na sua ENERGIA.

LUX Lewis

As Cores no Coração

CHAMA DA VIDA ACESA

Ter tesão pela vida!
Presença no aqui e agora!

LUX Lewis

VIBRAR BROTAR

ENERGIA PULSAR da VIDA

Relembrar quem somos...

Abrir mão do medo...

Sacudir as asas e ousar...

Liberte-se.

ENTUSIASMO...

"Quando fico tão alegre com alguma coisa que acaba tendo uma emoção forte.

Lucas, 11 anos, janeiro de 2014.

"Mamãe é quando como ontem à noite que eu não conseguia dormir porque estava com tanta vontade de chegar o novo dia, para fazermos o que tínhamos combinado."

Nicole, 7 anos, janeiro de 2014.

As Cores no Coração

ENTUSIASMO...

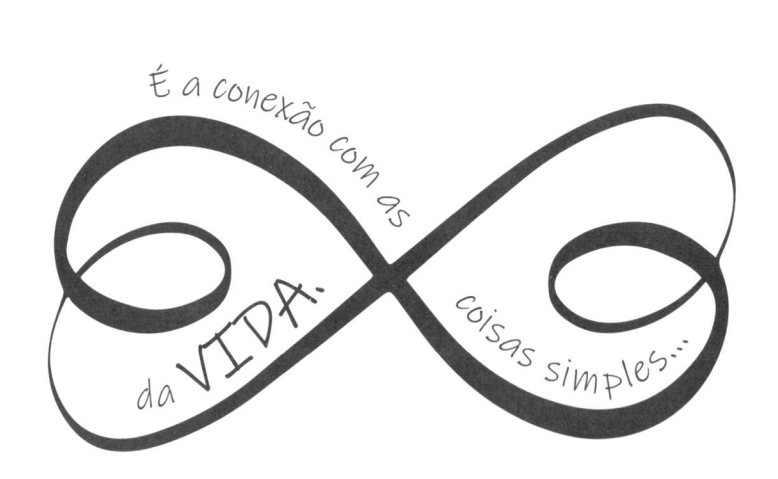

É a conexão com as coisas simples... da VIDA.

LUX Lewis

As Cores no Coração

ENTUSIASMO...

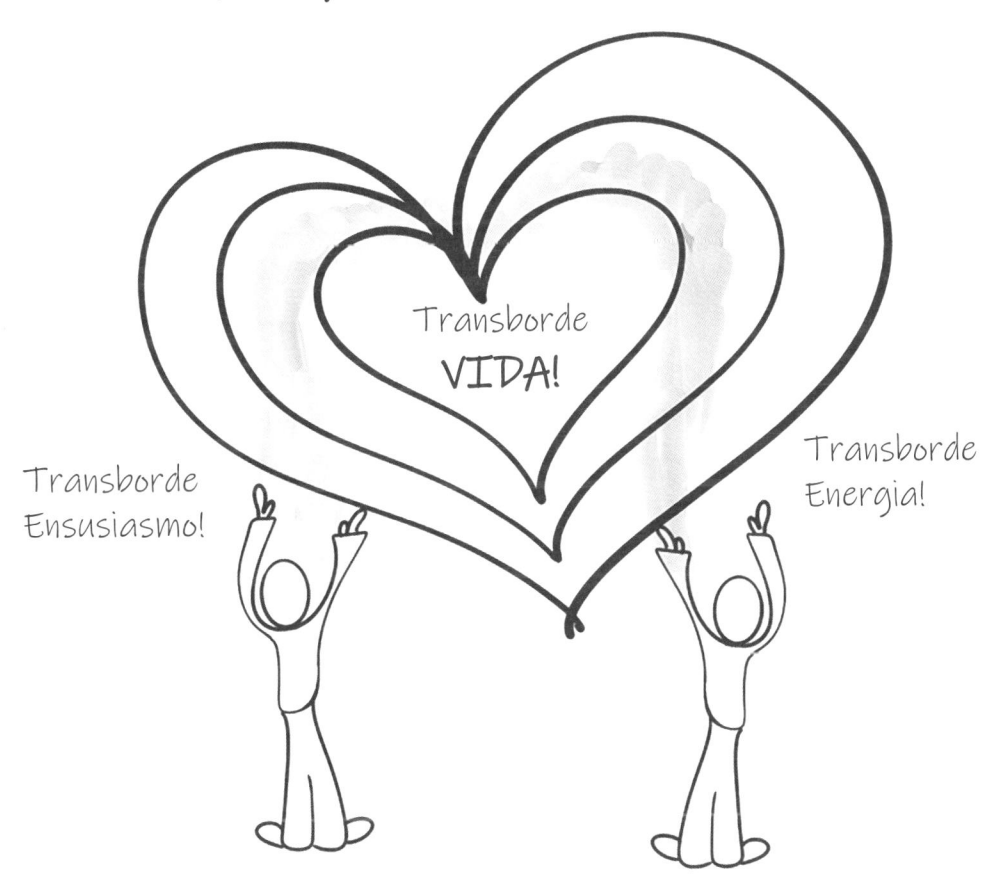

Transborde
Ensusiasmo!

Transborde
VIDA!

Transborde
Energia!

LUX Lewis

47

PRESENÇA

As Cores no Coração

A ARTE da PRESENÇA na vida, vem do encontro com você mesmo, estar naquele momento conectado com o aqui e agora, com o corpo, a mente, a alma, o espírito e a arte.

As Cores no Coração

Presença está relacionado com o nível de...

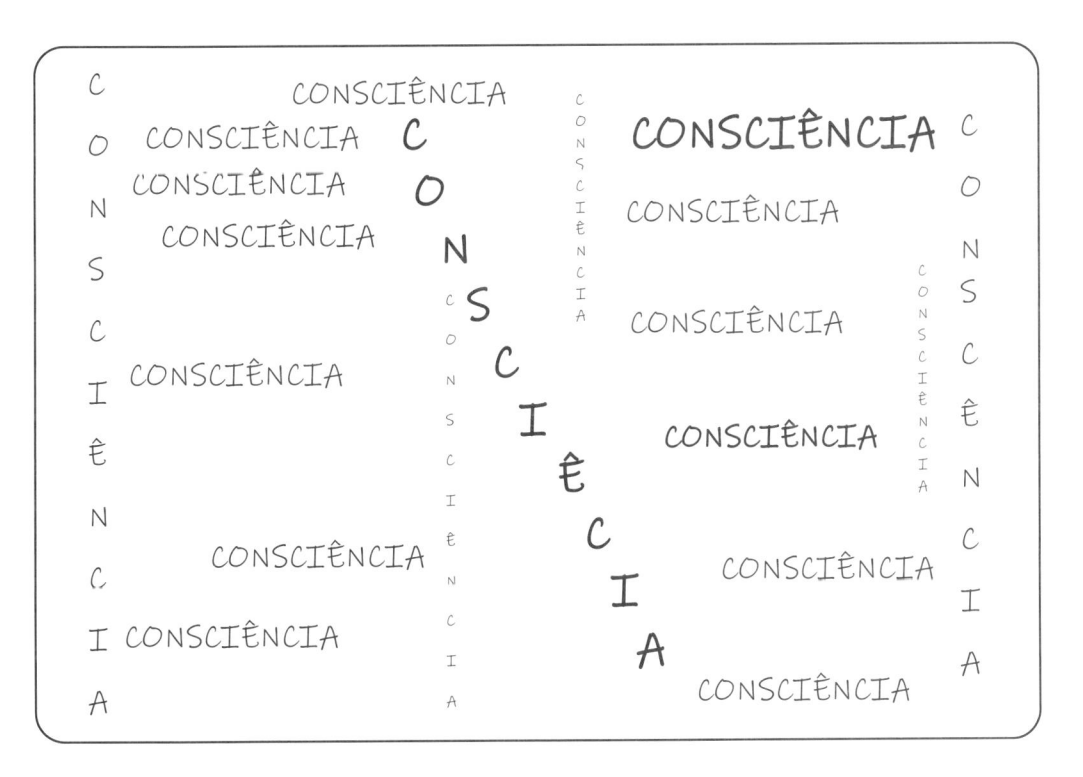

CONSCIÊNCIA CONSCIÊNCIA CONSCIÊNCIA CONSCIÊNCIA CONSCIÊNCIA CONSCIÊNCIA CONSCIÊNCIA CONSCIÊNCIA CONSCIÊNCIA CONSCIÊNCIA CONSCIÊNCIA CONSCIÊNCIA CONSCIÊNCIA CONSCIÊNCIA CONSCIÊNCIA CONSCIÊNCIA

LUX Lewis

ampliAMOS nossa

CONSCIÊNCIA.

ampliAMOS nossa

QUALIDADE DE PRESENÇA.

PRESENÇA na vida é...

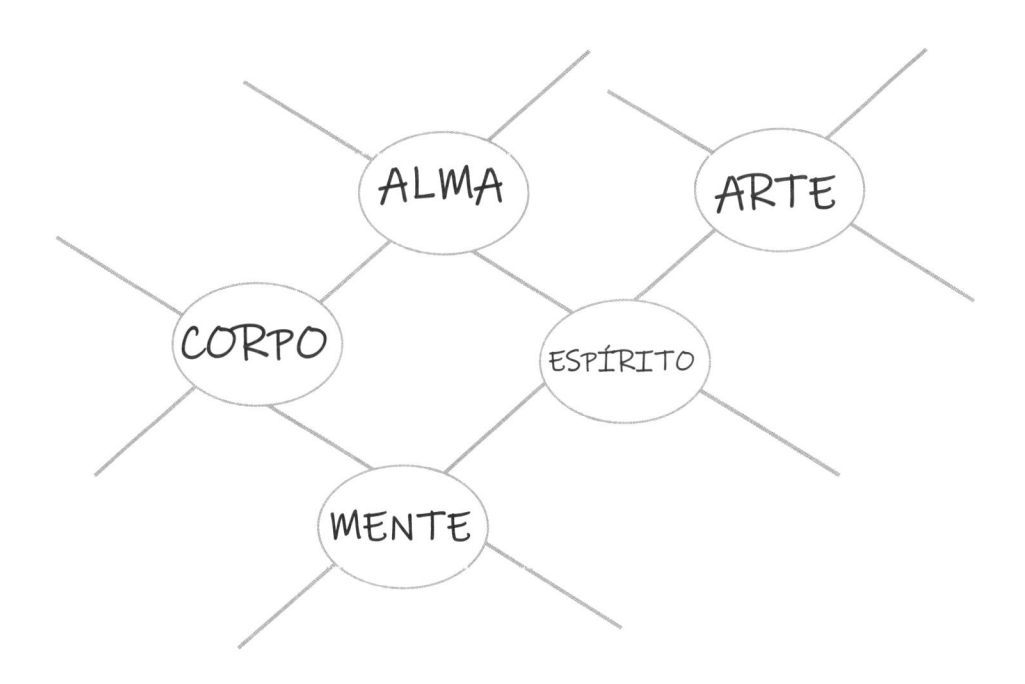

- ALMA
- ARTE
- CORPO
- ESPÍRITO
- MENTE

CONEXÃO

As Cores no Coração

PRESENÇA corpo, mente e alma

Estar só de corpo presente num relacionamento não adianta nada.

Falsa esperança, ilusão, machuca, quebra a relação, quebra a ligação.

54

LUX Lewis

Achar que a racionalidade controla o sentimento é **INOCÊNCIA**.

Surfar ondas insistindo, cria-se um personagem, uma grande **ILUSÃO**, onde somente o corpo está presente.

Uma grande bomba-relógio.

As Cores no Coração

Depois que quebra a relação...

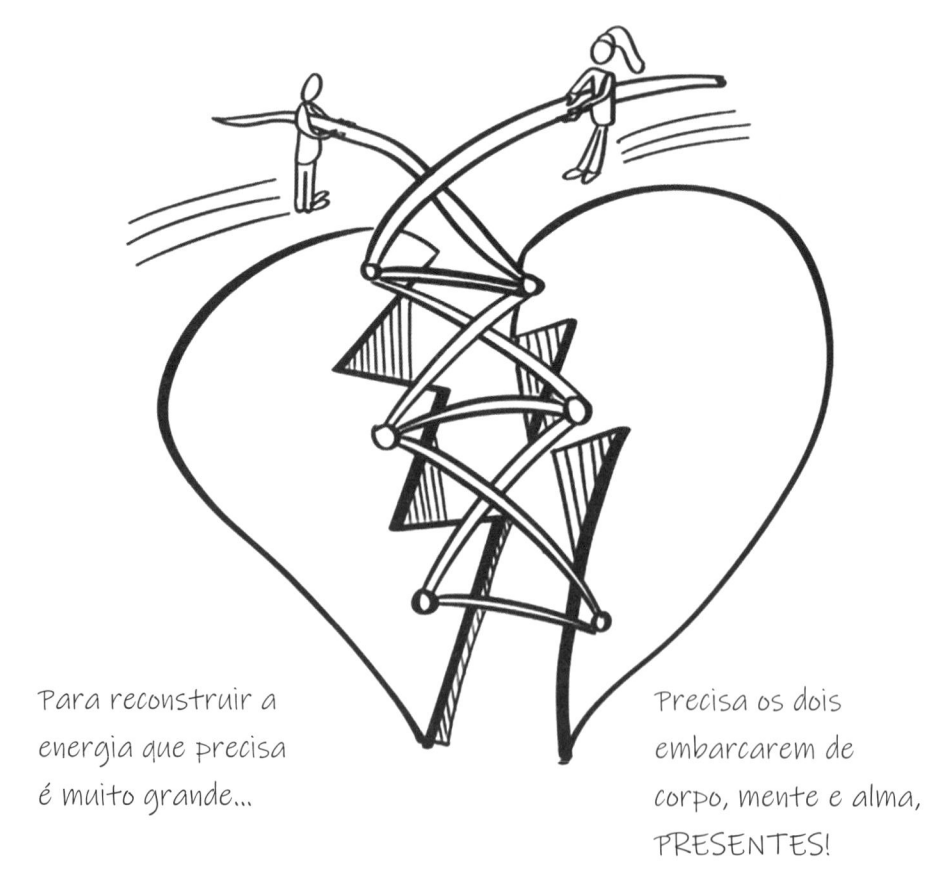

Para reconstruir a
energia que precisa
é muito grande...

Precisa os dois
embarcarem de
corpo, mente e alma,
PRESENTES!

LUX Lewis

SINTA...

> Estão disponíveis INTEIROS para reconstruir?

> Abriram este espaço?

> Estão de corpo, de mente, de alma PRESENTES?

As Cores no Coração

LIBERDADE

Nunca esteve disponível, inteiro para reconstruir...
Não abriu este espaço, nunca
Estava apenas de **CORPO PRESENTE**

LUX Lewis

A palavra é **RENASCIMENTO**

Acordei em paz
Respiro
Penso na magia da vida
Respiro
Sinto

Quando fecho os olhos
A imagem que vem
Uma criança no ventre

Linda a imagem
Pura Luz!

RENASCER

Bom dia, vida!
Estou pronta para a encontro com a

VIDA.

Harmonia com todos os corpos: físico, mental e energético.
Todos os corpos alinhados, em equilíbrio, nutridos.

> O que tem feito para NUTRIR sua alma?

> O que tem feito para sua alma SORRIR?

Na harmonia encontramos a
PRESENÇA.

CURA

As Cores no Coração

A **ARTE** da **CURA** vem do encontro com você mesmo, em reconhecer este poder que nasce em seu coração.

As Cores no Coração

O poder da cura

      BROTA no seu coração.

O poder da cura

      TRANSBORDA no nosso coração.

LUX Lewis

As Cores no Coração

Se o poder da cura

Nasce dentro de cada um...

> Por que deixamos esse poder tão abafado?

> Por que não utilizamos esse poder?

LUX Lewis

VITÓRIA é colher aquilo que foi plantado.

As Cores no Coração

BUSQUE seu espaço de <u>meditação</u>,

                          Conexão com você mesmo.

BUSQUE seu espaço de <u>silêncio</u>,

                          Contemplação do seu ser.

ALEGRIA

                          Dentro de você.

As Cores no Coração

A energia que passa no seu 🩶 transborda para outras pessoas

Fortaleça · O seu coração.

Estas são as relações que nutrem, quando os 🩶 🩶 🩶 transbordam!

LUX Lewis

As Cores no Coração

Esse é o Conectar com o Segredo da natureza do Som da Simples Respirar Assim.

LUX Lewis

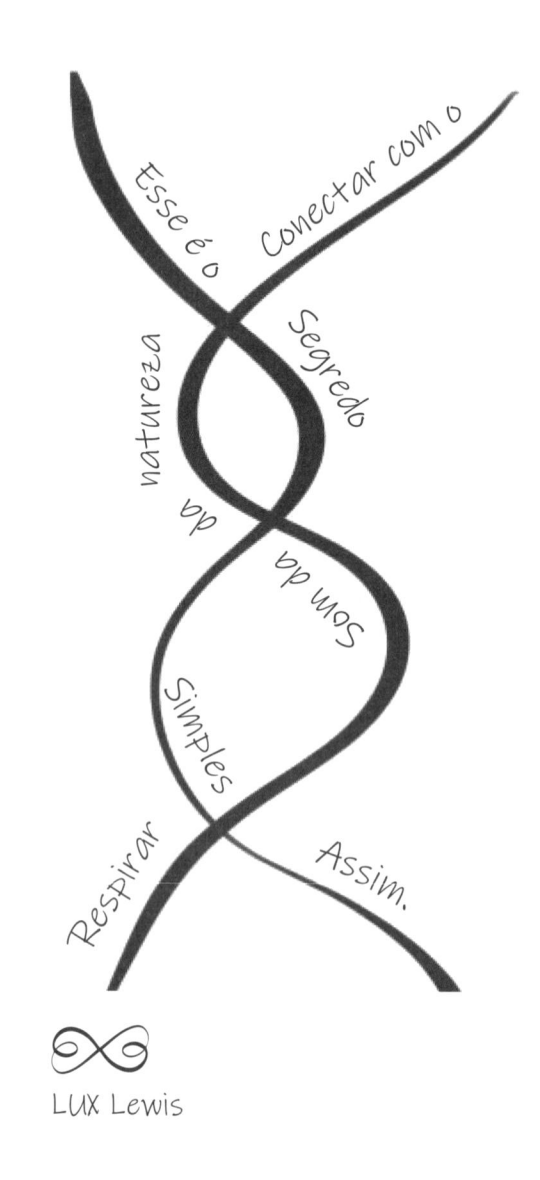

As Cores no Coração

Mantenha a energia do seu coração sempre forte e pulsante
COMO?
Nutrindo, nutrindo sempre
COMO?

- Ouvindo os ritmos da natureza
- O canto das cigarras...
- O canto dos pássaros...
- O sopro dos ventos...
- nas árvores, na água da cachoeira
- na chuva
- Ouvindo Música da natureza
- Entregando nosso melhor
- Ouvindo nosso Coração!
- Deixando nos contagiar...
- Abraçando quem amamos...
- Pelo sorriso das crianças
- Pelo abraço afetuoso...

As Cores no Coração

A cura do coração

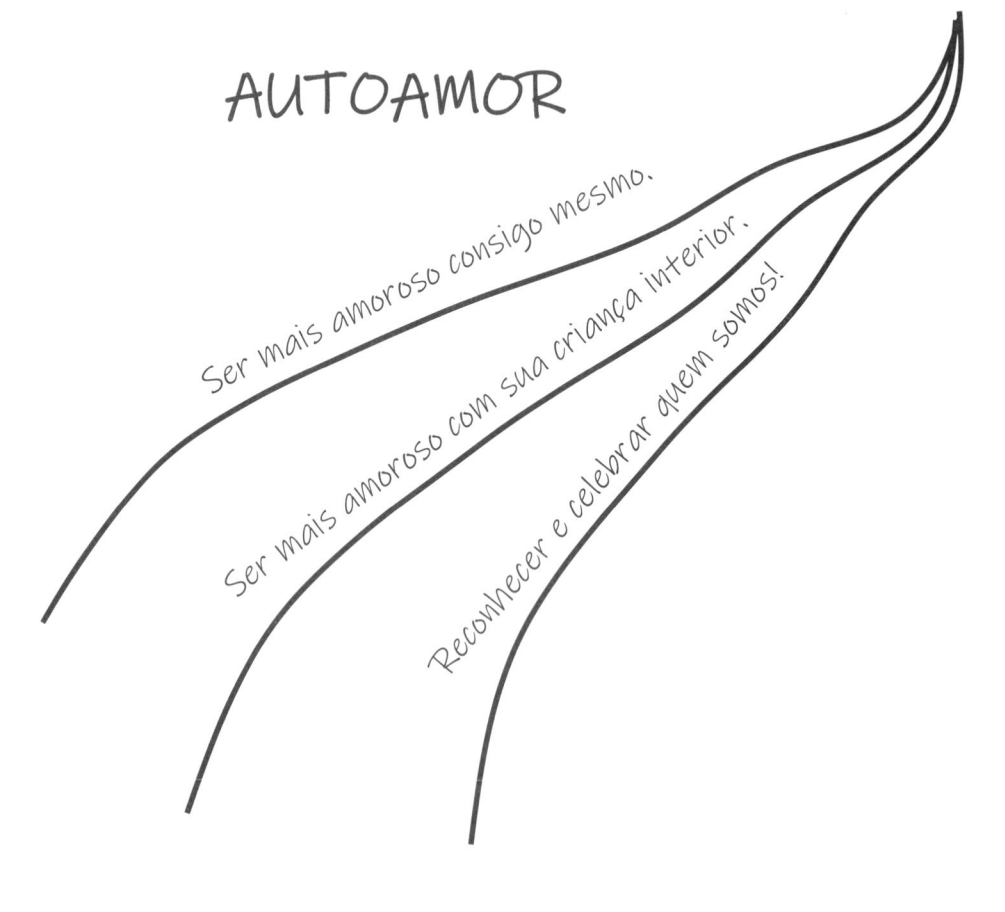

AUTOAMOR

Ser mais amoroso consigo mesmo.

Ser mais amoroso com sua criança interior.

Reconhecer e celebrar quem somos!

As Cores no Coração

O difícil mesmo é entender o que o outro estava ensinando...

Não se preocupe, a situação será recorrente até você olhar por outra perspectiva; aí sim, estará verdadeiramente liberto!

Quando o PERDÃO vem para liberar a CULPA... ILUSÃO, não entendemos nada do aprendizado.

Quando o PERDÃO vem pelo AMOR... reconhecemos o serviço prestado para nossa evolução.

Então, honramos e agradecemos, o milagre aconteceu...

LIBERTAMOS o outro, deixamos o outro ir COM AMOR.

LUX Lewis

A cura **Planetária:**

O bater das suas asas
na frequência da LUZ,
~~pode~~ fazer uma
grande diferença!

FÉ

A presença da energia em cada um.

As Cores no Coração

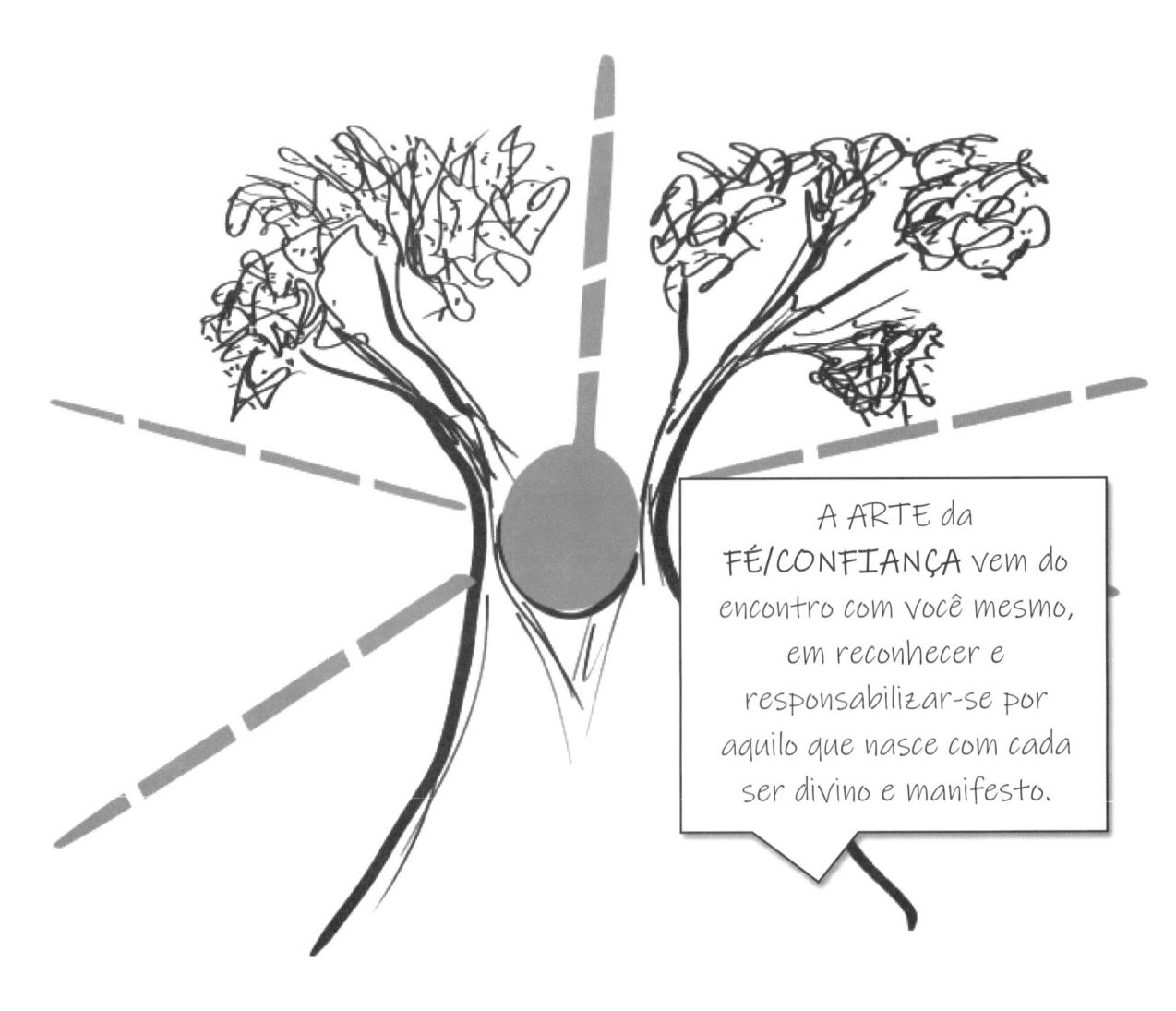

> A ARTE da **FÉ/CONFIANÇA** vem do encontro com você mesmo, em reconhecer e responsabilizar-se por aquilo que nasce com cada ser divino e manifesto.

As Cores no Coração

A FÉ/CONFIANÇA mora dentro do seu coração.
Nasce com cada um dentro do seu coração.

LIΛX Lewis

As Cores no Coração

As pessoas buscam do lado de fora
aquilo que de mais divino existe
dentro de cada um de nós.

∞

LUX Lewis

As Cores no Coração

As Cores no Coração

Enquanto cada um deixar a responsabilidade que cabe a si para alguma coisa ou para algum outro SER...

NADA acontecerá, manifestará na sua VIDA.

LUX Lewis

As Cores no Coração

> Conecte-se com VOCÊ.

> Conecte-se com sua FÉ.

A manifestação ocorre quando você assume a sua FÉ.

As Cores no Coração

> A FÉ lhe diz:
> Existe um sentido maior para TUDO.

CONFIA.

LUX Lewis

As Cores no Coração

Quando estamos conectados com nossa fé...

Com a nossa essência, nossa natureza...

TUDO FLUI
TUDO FLUI

A abundância fluirá naturalmente.

O Universo despeja toda sua Sabedoria e AMOR.

Tudo acontecerá, tudo manifestará.

CONFIA

A vida está
Operando seu milagre.
Algo direciona
Sempre para o melhor!

Para aquilo que precisamos

no momento, **O SUFICIENTE**

O quebra-cabeça
da VIDA!

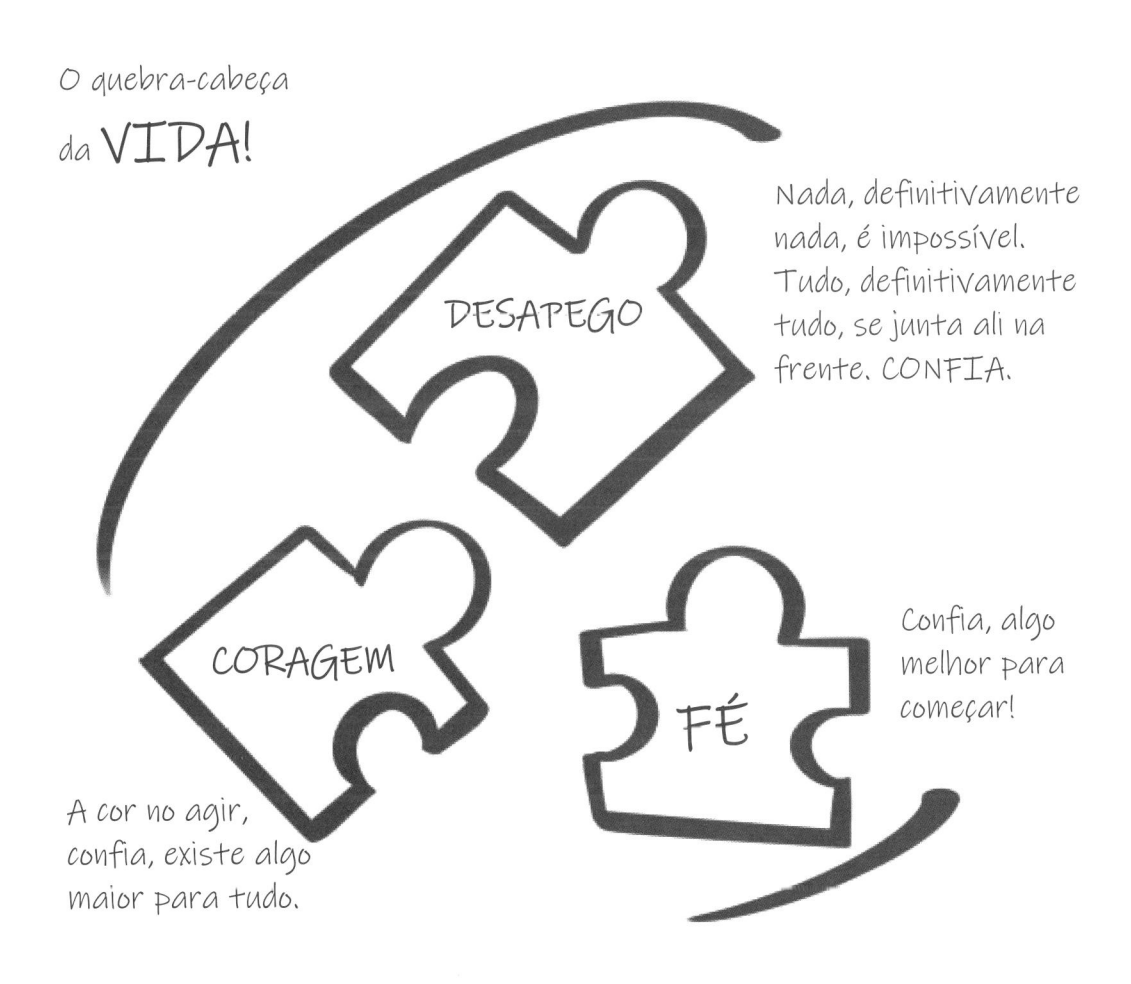

DESAPEGO

Nada, definitivamente nada, é impossível. Tudo, definitivamente tudo, se junta ali na frente. CONFIA.

CORAGEM

FÉ

Confia, algo melhor para começar!

A cor no agir, confia, existe algo maior para tudo.

As Cores no Coração

SILÊNCIO

LUX Lewis

AÇÃO

O que impulsiona

As Cores no Coração

A ARTE da **AÇÃO**, o que impulsiona vem do encontro com você mesmo, vem da coragem em se VIVER.

As Cores no Coração

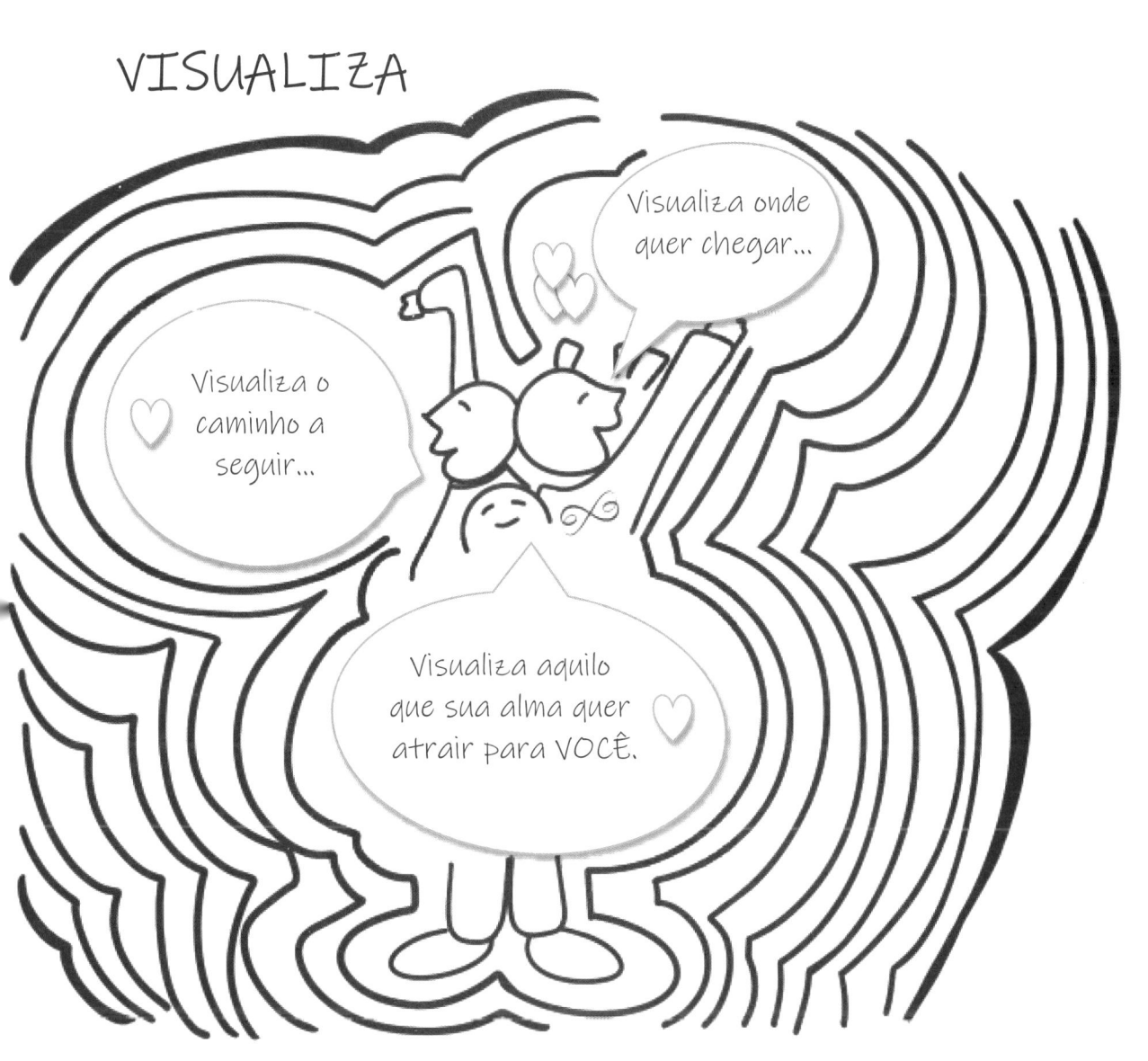

VISUALIZA

Visualiza onde quer chegar...

Visualiza o caminho a seguir...

Visualiza aquilo que sua alma quer atrair para VOCÊ.

As Cores no Coração

UM APRENDIZADO

Emita sempre **LUZ**; quando o outro recebe, conecta com a sua **LUZ**.

Fica embebido, quer ficar próximo!

ATENÇÃO: só não pode querer só receber; precisa emitir também.

LUX Lewis

As Cores no Coração

Todos têm seu
BRILHO!

Só não dá para
ficar parado...
esperando brilhar.

O brilho está
dentro de
VOCÊ.

Você também
tem que polir!

O que você tem feito
para BRILHAR?

LUX Lewis

89

As Cores no Coração

TUDO É ENERGIA

É a frequência que
VOCÊ VIBRA.

LUX Lewis

As Cores no Coração

VIBRAÇÃO VIBRAÇÃO VIBRAÇÃO VIBRAÇÃO VIBRAÇÃO VIBRAÇÃO VIBRAÇÃO VIBRAÇÃO
VIBRAÇÃO VIBRAÇÃO VIBRAÇÃO VIBRAÇÃO VIBRAÇÃO VIBRAÇÃO VIBRAÇÃO VIBRAÇÃO
VIB**VIBRAÇÃO** RAÇÃO VIBRAÇÃO VIBRAÇÃO VIBRAÇÃO
VIBRAÇÃO VIBRAÇÃO RAÇÃO VIBRAÇÃO VIBRAÇÃO VIBRAÇÃO
VIBRAÇÃO VIBRAÇÃO VIBRAÇÃO VIBRAÇÃO RAÇÃO VIBRAÇÃO VIBRAÇÃO VIBRAÇÃO
VIBRAÇÃO VIBRAÇÃO VIBRAÇÃO VIBRAÇÃO VIBRAÇÃO VIBRAÇÃO VIBRAÇÃO VIBRAÇÃO

SENTIR SENTIR SENTIR SENTIR SENTIR SENTIR SENTIR SENTIR SENTIR SENTIR
SENTIR SENTIR SENTIR SENTIR SENTIR SENTIR SENTIR SENTIR SENTIR SENTIR
SENTIR SENTIR SEN **SENTIR** SENTIR SENTIR SENTIR
SENTIR SENTIR SEN TIR SENTIR SENTIR SENTIR
SENTIR SENTIR SENTIR SENTIR SENTIR SENTIR SENTIR SENTIR SENTIR SENTIR
SENTIR SENTIR SENTIR SENTIR SENTIR SENTIR SENTIR SENTIR SENTIR SENTIR

AGIR AGIR AGIR AGIR AGIR AGIR AGIR AGIR AGIR AGIR AGIR
AGIR AGIR AGIR AGIR AGIR AGIR AGIR AGIR AGIR AGIR AGIR
AGIR AGIR AGIR AGIR AGIR AGIR AGI **AGIR** AGIR AGIR
AGIR AGIR AGIR AGIR AGIR AGIR AGIR AGIR AGIR AGIR AGIR
AGIR AGIR AGIR AGIR AGIR AGIR AGIR AGIR AGIR AGIR AGIR

LUX Lewis

As Cores no Coração

você pode escolher viver a vida surfando ondas...

SEM CONSCIÊNCIA...

A cada nova onda... o ciclo se repete... de novo... de novo...

A cada onda, aprenda o que é SUFICIENTE.

LUX Lewis

As Cores no Coração

BUSQUE o

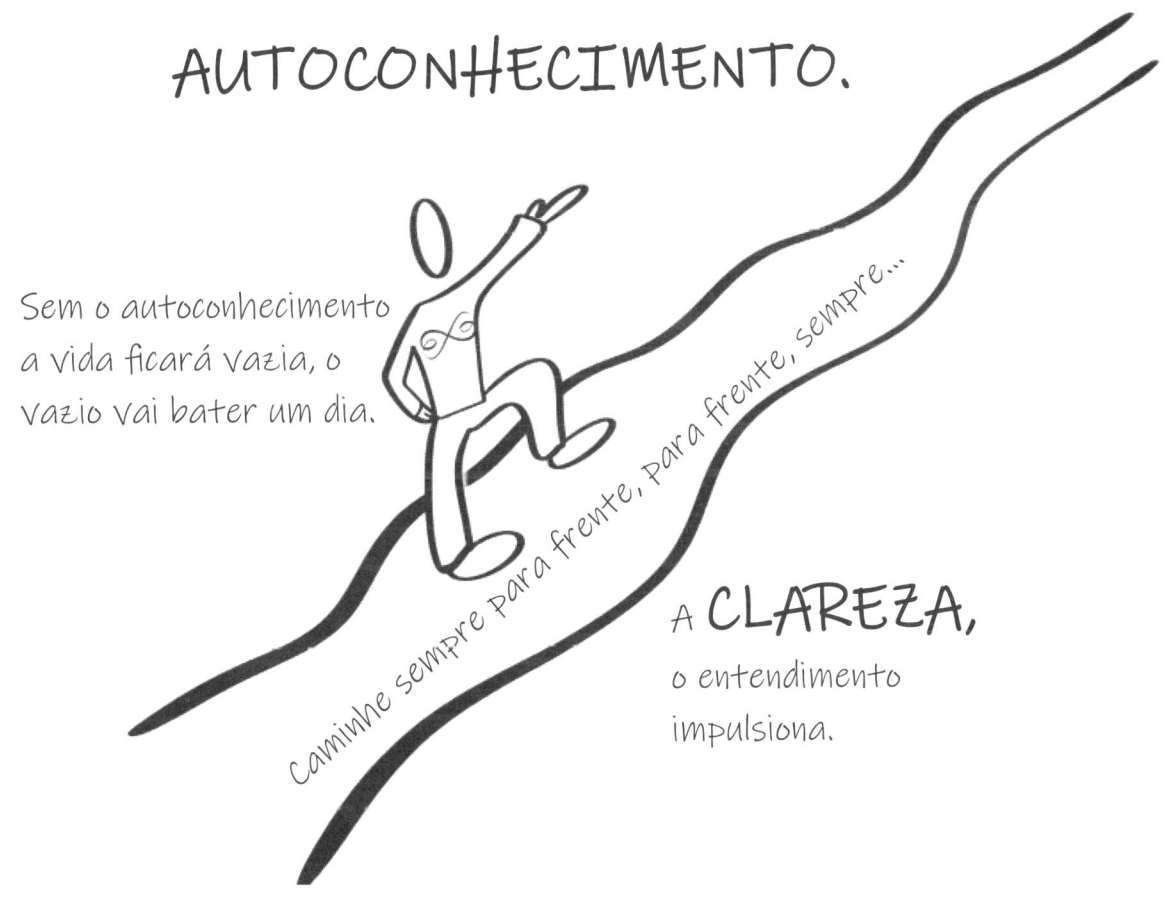

AUTOCONHECIMENTO.

Sem o autoconhecimento a vida ficará vazia, o vazio vai bater um dia.

Caminhe sempre para frente, para frente, sempre...

A **CLAREZA**, o entendimento impulsiona.

LUX Lewis

A palavra é... ∞

CORAGEM.

Tenha a CORagem de VIVER.

A COR no AGIR.

A CORAGEM de Olhar-se e registra os aprendizados.

A CORAGEM de CRESCER a cada passo.

As Cores no Coração

A vida torna-se leve quando colocamos uma mola no fundo do poço.

Não é que deixamos de cair...

...mas a cada caída, batemos na mola e voltamos mais rápidos, mais FORTES.

LUX Lewis

Os **5Rs**

Reencontrar,

Reconectar,

Reconstruir,

Reconhecer o verdadeiro EU para assim, então,

                              Relacionar-se.

Puro
AMOR
Manifesto em luz

As Cores no Coração

> A **ARTE** do puro **AMOR** manifesto em luz vem do encontro com você mesmo, em conectar frequências de luz, permitir e liberar.

As Cores no Coração

AMOR é um....

Presente da VIDA.

LUX Lewis

As Cores no Coração

Queria tanto me apaixonar.

Sentir o coração quente!

Descobri isso com o Pequeno Príncipe, mas tinha que ser tão distante!

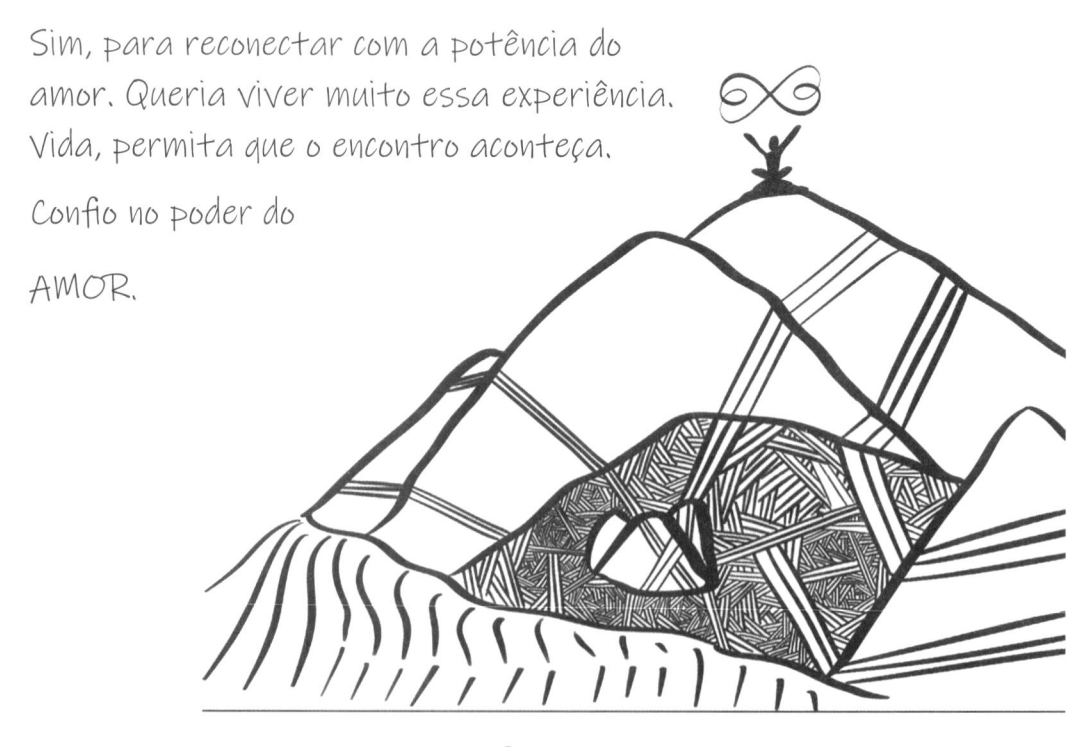

Sim, para reconectar com a potência do amor. Queria viver muito essa experiência. Vida, permita que o encontro aconteça.

Confio no poder do

AMOR.

As Cores no Coração

Sentir o coração quente é quando encontramos um coração que vibra na mesma frequência que o seu.

Acredite, sempre encontramos. Procure sem procurar.

As Cores no Coração

E agora encontrei a paixão!

E agora?
Agora é seguir
em frente
Coração forte
Cheio de luz.
Pronto para
Bater as
Asas.
PULSAR
PULSAR
Entrega...
Amar...

SER AMADA!

LUX Lewis

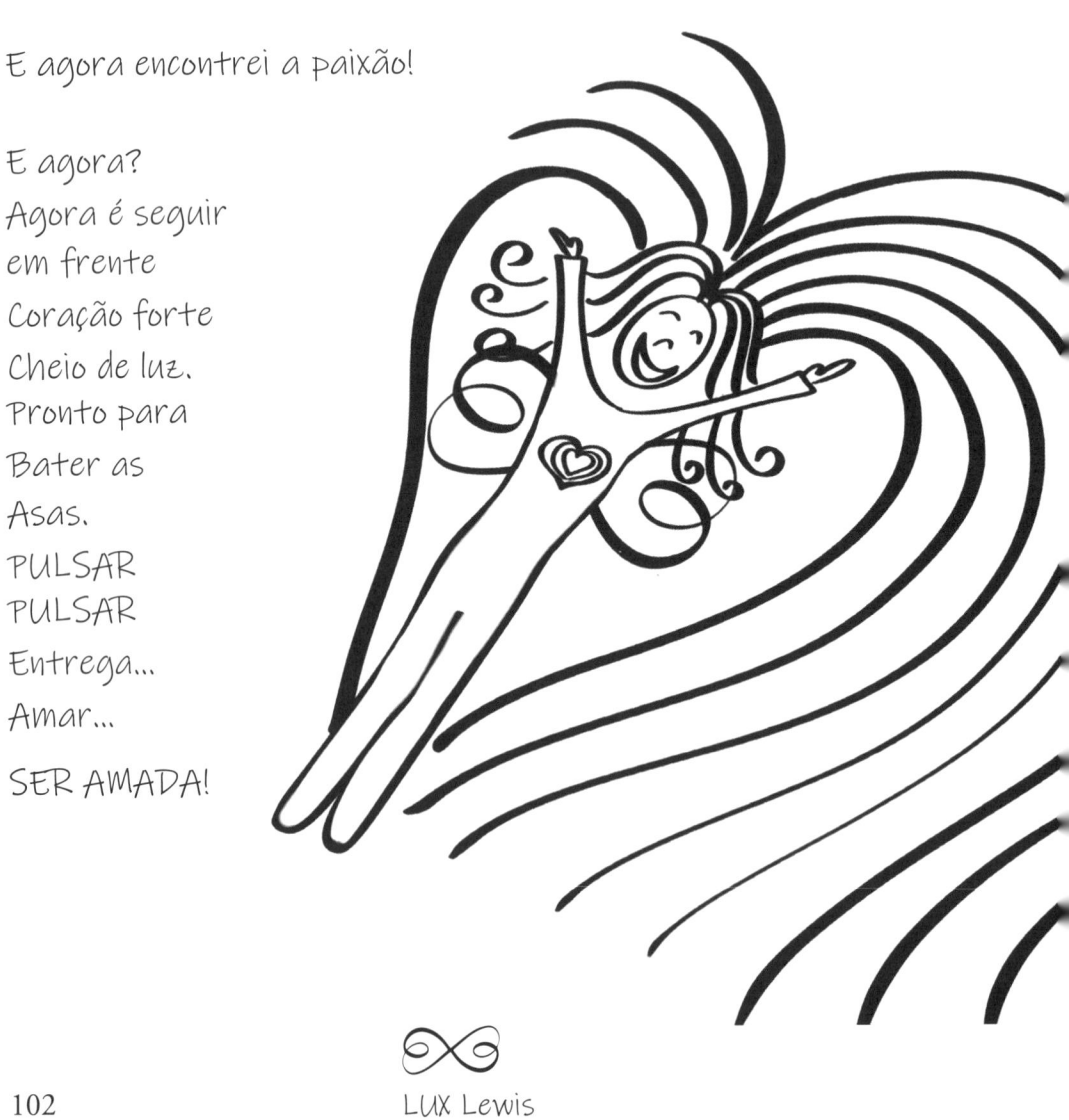

Amor quer a **libertação,**

Sempre a **transformação.**

Transformação constante

é o **AMOR.**

Então, o amor verdadeiro

é quando permitimos que

o outro **se transforme.**

Amor livre, liberto, nutrido.

As Cores no Coração

Meu ♡

Queima quando vejo você.

Forte demais.

Vai entender!

O que fazer?

Entrega...

Não sei o que poderia fazer.

Seguir o fluxo.

Confia no AMOR MAIOR.

As Cores no Coração

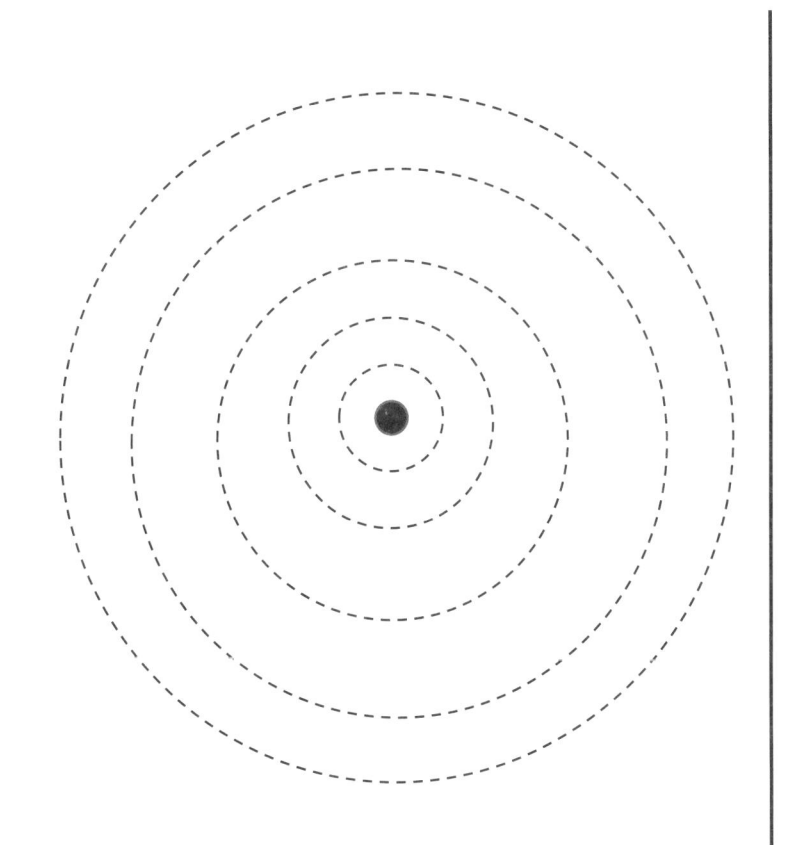

Nada é impossível!

Estou sentada.

Meu 🤍 queima.

Não tenho vontade de sair daqui, de movimentar,

só sentir.

Só respirar.

Até o calor passar.

As Cores no Coração

Não te machuques com esta história.
Não te culpes por AMOR.
Cabeça erguida!
Você não fez nada de errado.
Maneira linda e pura.
Com o mais belo AMOR. Para
Dar e trocar
Somente
ISSO.

LUX Lewis

As Cores no Coração

FALAR   **PENSAR**

Entre o que FALA e o que realmente PENSA existe um grande abismo.

Apenas um CORAÇÃO PRISIONEIRO.
Muito triste ser assim.
Você não fez nada de errado.
Só amei e dei o melhor do meu amor.

LUX Lewis

Não estou conseguindo
desconectar da sua

ENERGIA.

Fecho os olhos e sinto
O peito pulsar.

Vontade de estar
perto de você.

Inventei um amor de cinema.
Com toda sua magia.

E AGORA?

Agora é curtir a magia.
Deixar as borboletas voarem.

DEPOIS?

Depois é depois.
Depois vejo como guardar as borboletas.

AGORA?

Agora não quero guardar.
Deixa voar.
Agora é o agora!

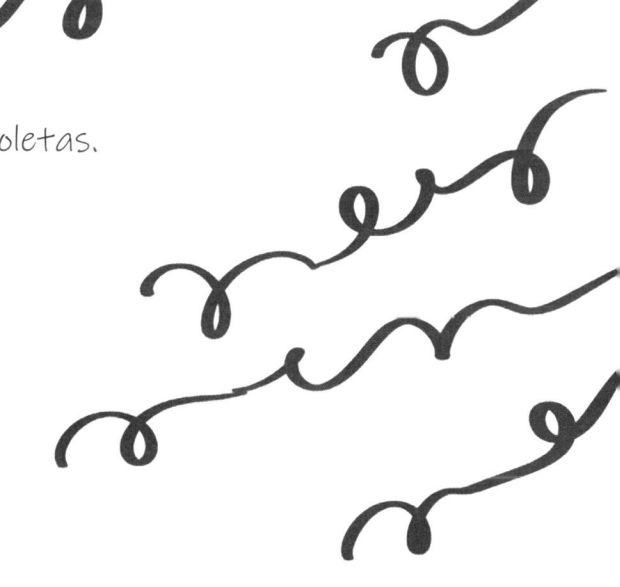

As Cores no Coração

AMOR

Estamos prontos para fechar o livro do relacionamento quando honramos e agradecemos. Quando entendemos os aprendizados e registramos no nosso livro.

VIDA **PAZ**

ALEGRIA

Aí, sim, estamos prontos para abrir um novo livro, páginas em branco para viver novas experiências.

LUX Lewis

Sempre é a hora de escrever...

THE END

E guardar o livro na estante.

Lembre-se: você é o autor dessa obra.

Revisitando a minha história.
Aprendizado da alma...

AUTOAMOR.

Reconhecer quem você é,
seu valor.

Reconhecer a sua alma,
essência.

A sua base.

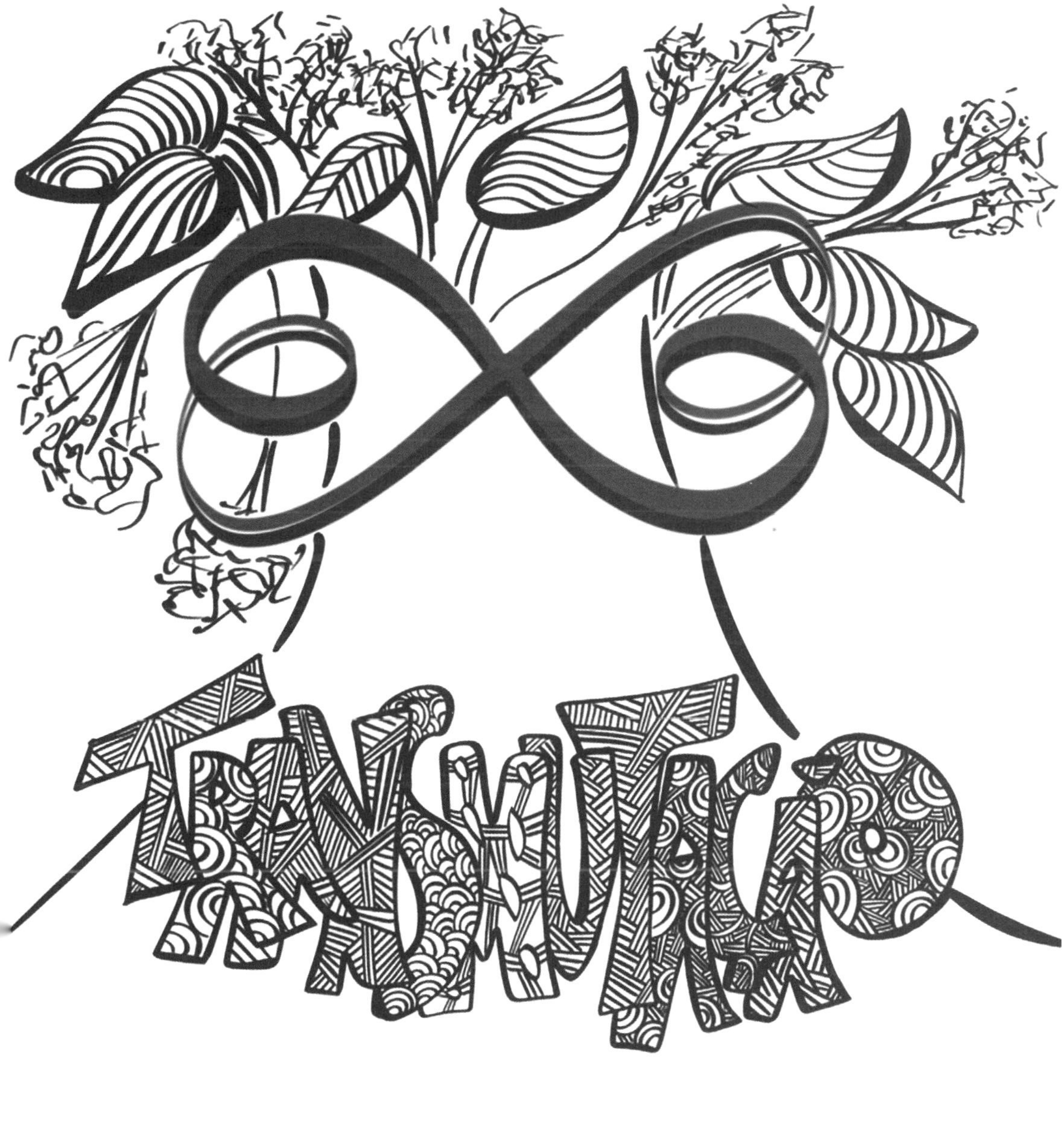
TRANSMUTAÇÃO

As Cores no Coração

A **ARTE** da **TRANSMUTAÇÃO** vem do encontro consigo mesmo, naquilo que cada um consegue fazer na sua história, na sua vida.

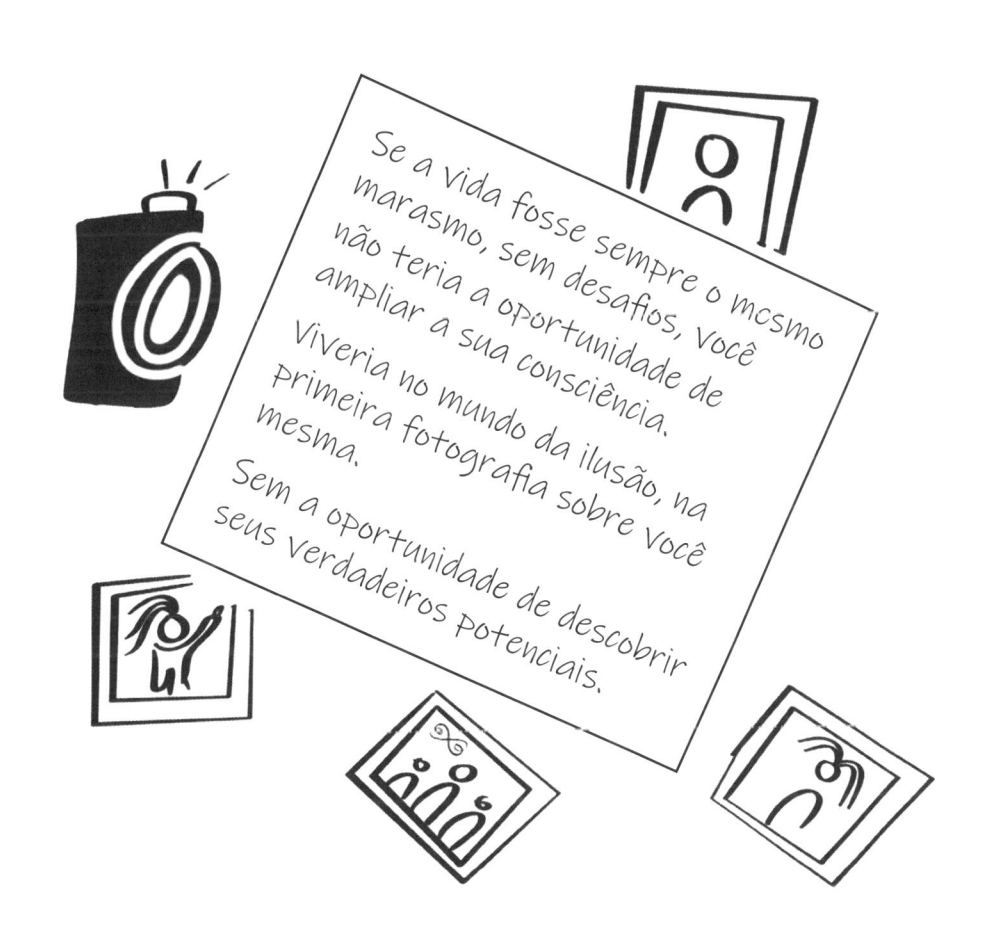

Se a vida fosse sempre o mesmo marasmo, sem desafios, você não teria a oportunidade de ampliar a sua consciência.

Viveria no mundo da ilusão, na primeira fotografia sobre você mesma.

Sem a oportunidade de descobrir seus verdadeiros potenciais.

As Cores no Coração

TRANSMUTAR

> O que cada um consegue fazer na sua história, na sua vida.

LUX Lewis

Na vida

buscamos fazer sempre o melhor,
de sermos melhores sempre.

A cada experiência colhemos o
SUFICIENTE.

As Cores no Coração

A cada nível de consciência atingimos um novo patamar.

Arrisque.

Vale a pena!

LUX Lewis

Na vida

buscamos fazer sempre o melhor,
de sermos melhores sempre.

A cada experiência colhemos o
SUFICIENTE.

As Cores no Coração

A cada nível de consciência atingimos um novo patamar.

Arrisque.

Vale a pena!

LUX Lewis

As Cores no Coração

> Questione a primeira fotografia sobre si mesmo.

LUX Lewis

As Cores no Coração

EU

Amplie a visão sobre você mesmo.

SEMPRE.

LUX Lewis

As Cores no Coração

> Questione a primeira fotografia sobre si mesmo.

LUX Lewis

As Cores no Coração

EU

Amplie a visão sobre você mesmo.

SEMPRE.

LUX Lewis

As Cores no Coração

Não tenha medo
de dar a mão ao
próximo para

CRESCER.

LUX Lewis

As Cores no Coração

Não sorria mais, pois não me reconhecia por inteira, somente partes.

Não tinha como ter vitalidade.

Não estava inteira.

Não me reconhecia por inteira.

Não me amava por inteira.

Não tinha amor para transbordar.

Estou aprendendo a me reconhecer,

A me amar.

É isso, simples assim.

LUX Lewis

As Cores no Coração

Triângulo desenvolvimento

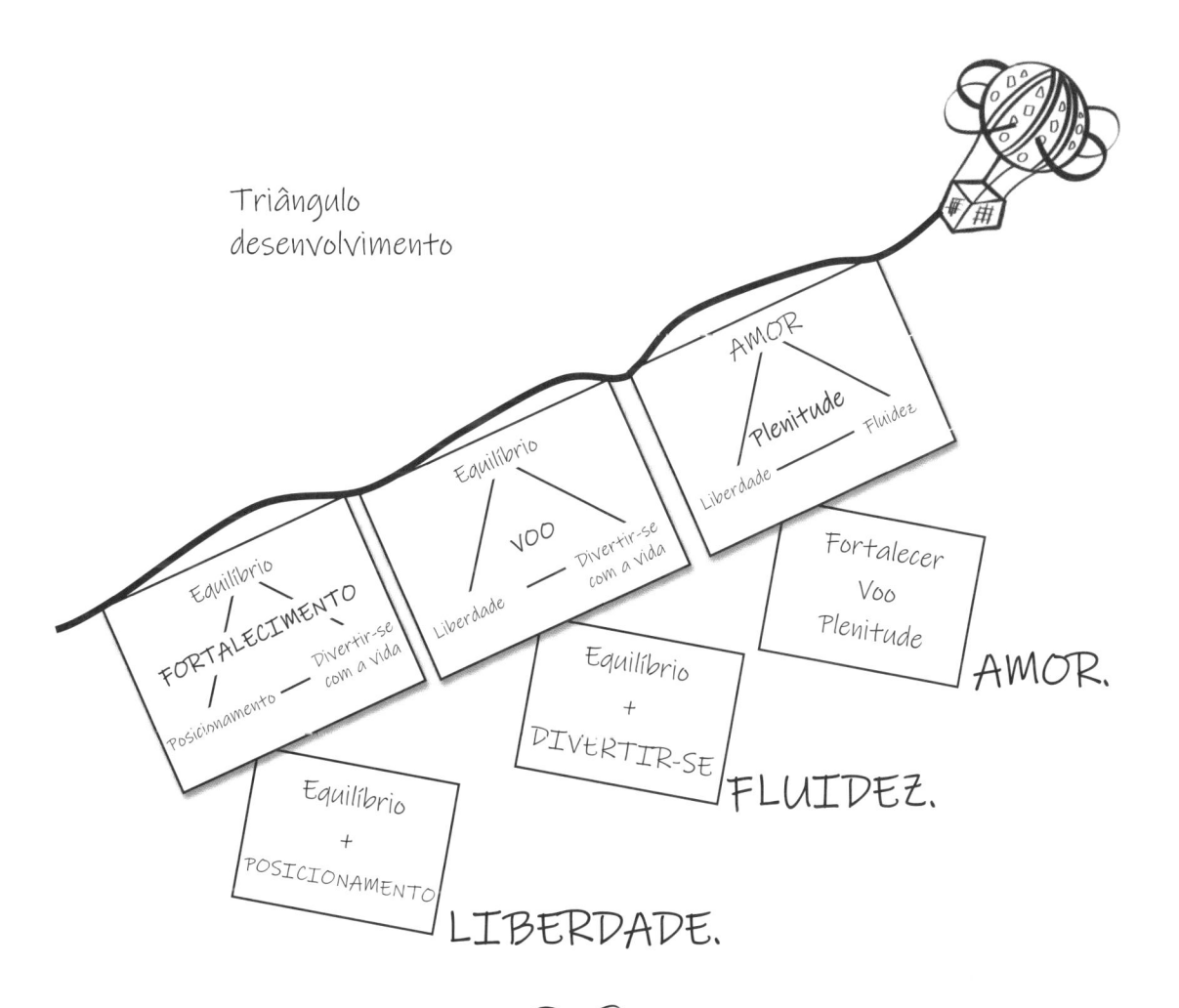

Equilíbrio
FORTALECIMENTO
Posicionamento — Divertir-se com a vida

Equilíbrio
VOO
Liberdade — Divertir-se com a vida

AMOR
Plenitude
Liberdade — Fluidez

Fortalecer
Voo
Plenitude

AMOR.

Equilíbrio
+
DIVERTIR-SE

FLUIDEZ.

Equilíbrio
+
POSICIONAMENTO

LIBERDADE.

LUX Lewis

As Cores no Coração

O despertar da alma

Basear a vida na
realidade da alma.

LUX Lewis

As Cores no Coração

Aceite cada momento da sua vida sem tantas exigências, sem tantos julgamentos e sem prender-se tanto a ele.

Mova-se com leveza.

Deixe as coisas acontecerem.

Lembre-se: sem movimento, não há VIDA.

LUX Lewis

Uma mensagem, uma inspiração.

    Fazer este livro foi leve, fez parte do meu processo de cura, de refletir e escrever, fechar e guardar o meu livro de um relacionamento na estante da minha vida. Foi brincar.

    Reflita, sinta e escreva o seu livro.

    Liberte sua alma.

As Cores no Coração

Escrever...

Já senti vontade
Recuei, fiquei sem coragem
Comecei
Parei
A vida atropelou
Fechei no casulo da cura
Foquei na energia
Respirei
Saí
Borboleta
Liberdade
Inteira
Pronta para voar
Pedi
Sincronicidade
Coragem
Senti
Escrevi...

As Cores no Coração

Palavras da autora:

(escreva aqui o que motivou você a escrever esse livro e como foi escrever este livro.)

LUX Lewis

As Cores no Coração:
a escuta do SER

Por:
_____

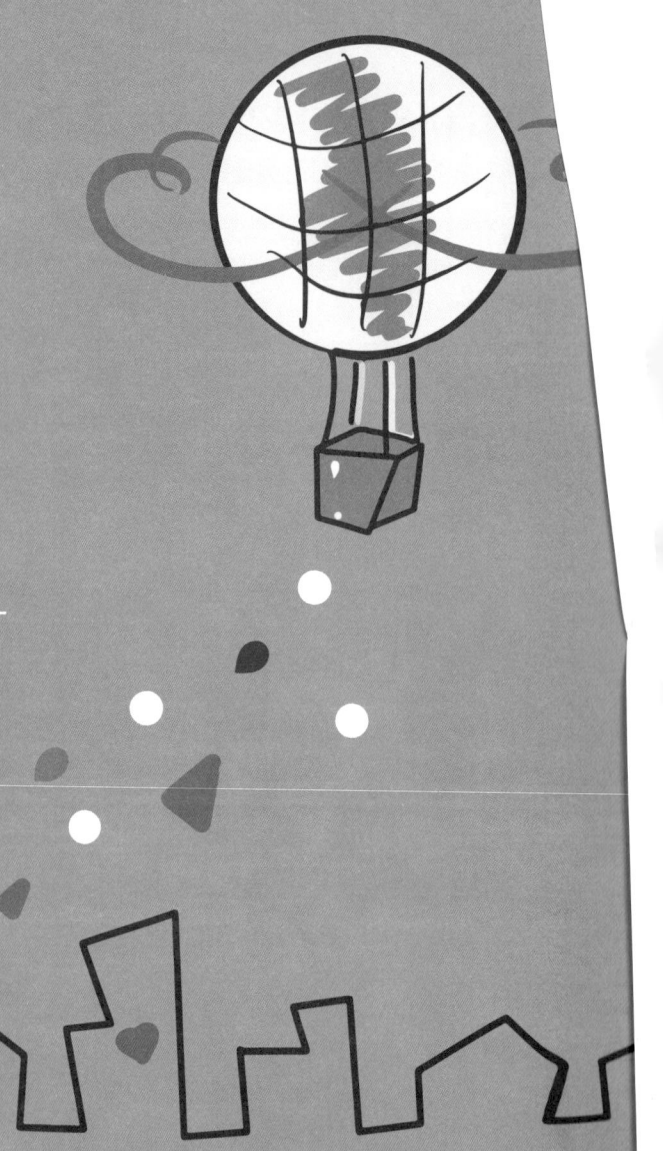

As Cores no Coração

Palavras da autora:

(escreva aqui o que motivou você a escrever esse livro e como foi escrever este livro.)

As Cores no Coração:
a escuta do SER

Por:
_____

ENTUSIASMO

As Cores no Coração

A **ARTE** do ENTUSIASMO é...

As Cores no Coração

As Cores no Coração

PRESENÇA

As Cores no Coração

A **ARTE** da **PRESENÇA** é...

PRESENÇA

As Cores no Coração

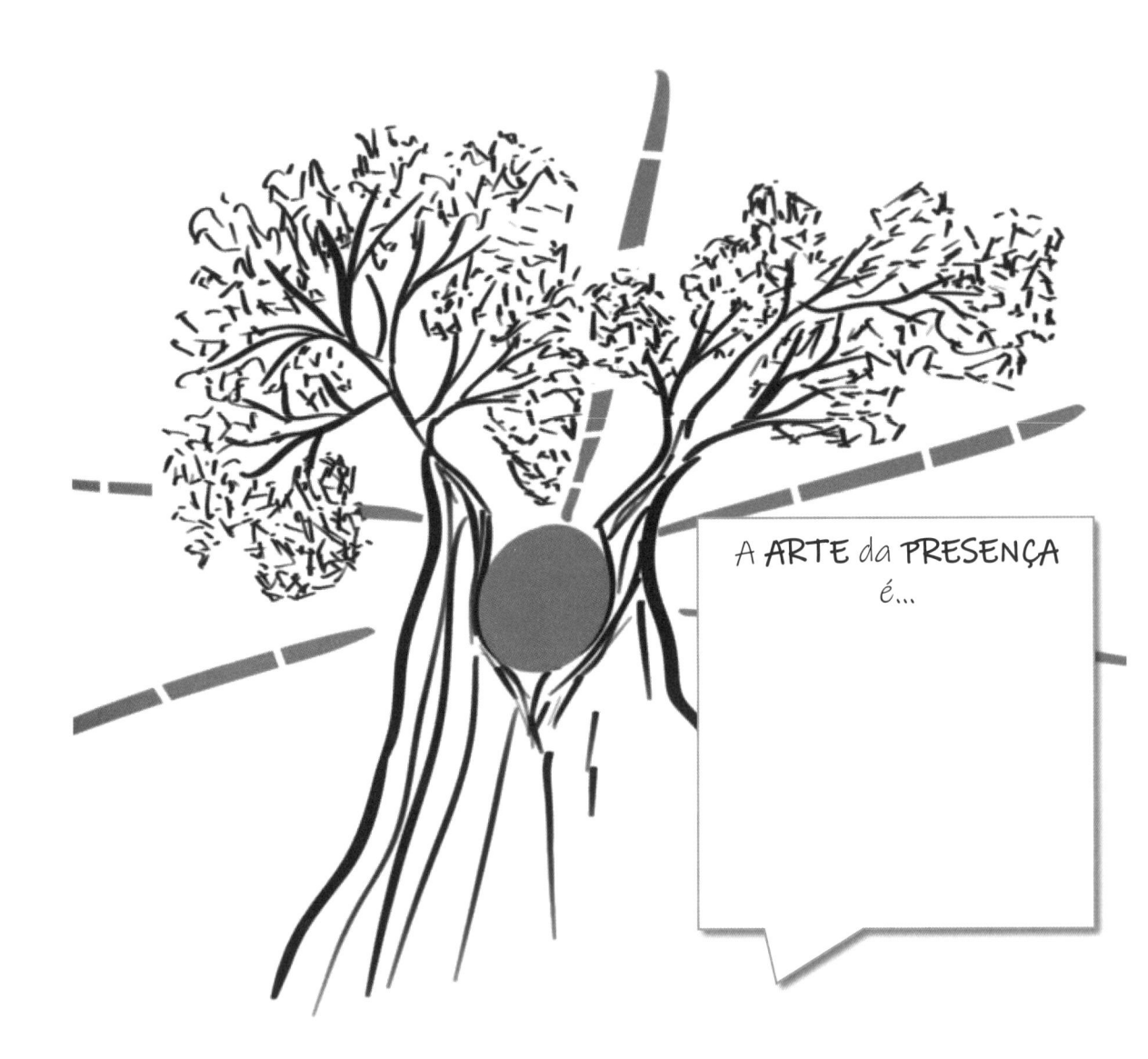

A **ARTE** da **PRESENÇA** é...

As Cores no Coração

As Cores no Coração

As Cores no Coração

As Cores no Coração

CURA

As Cores no Coração

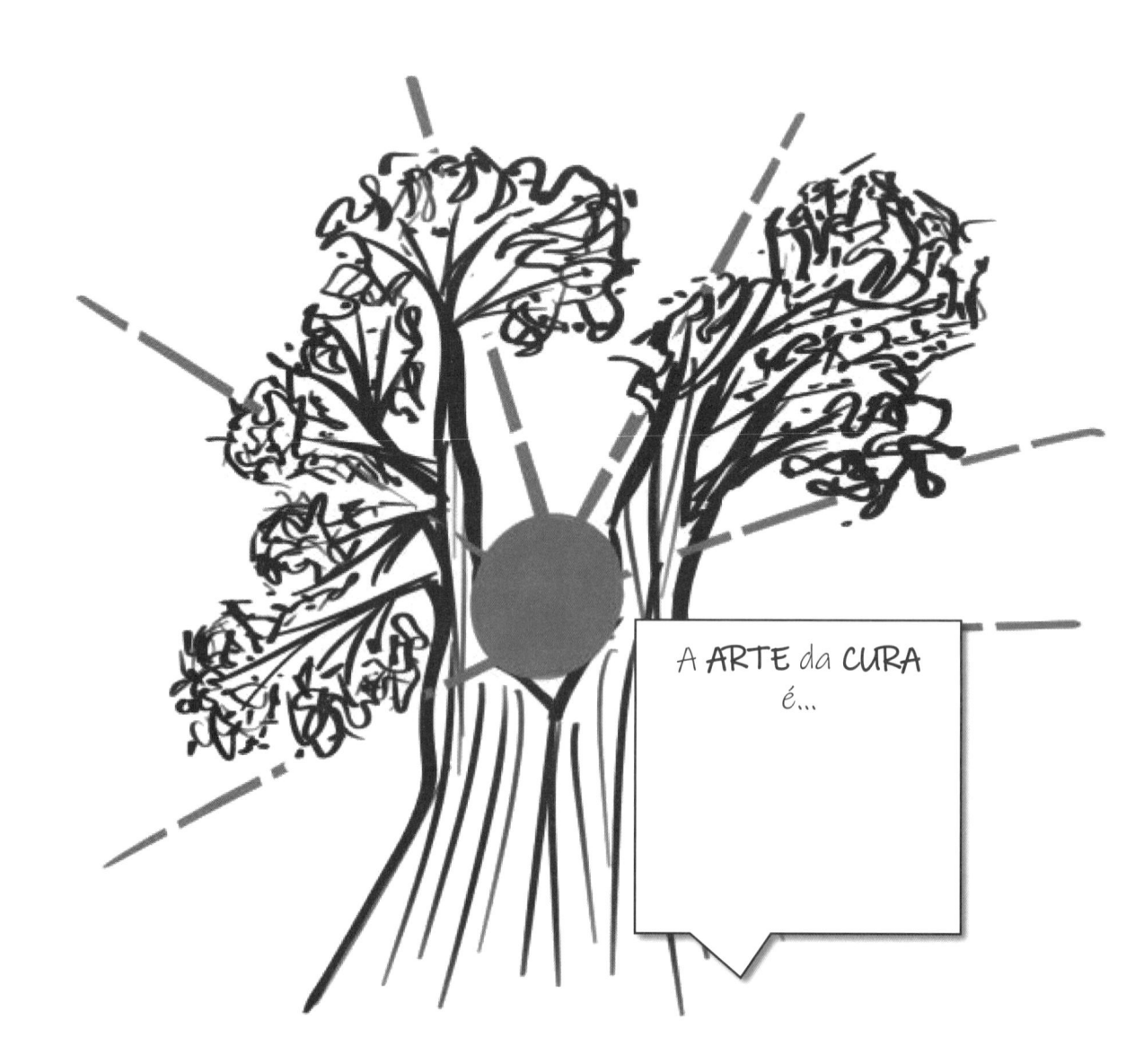

A **ARTE** da **CURA** é...

As Cores no Coração

As Cores no Coração

As Cores no Coração

FÉ

A presença da
energia em cada um.

As Cores no Coração

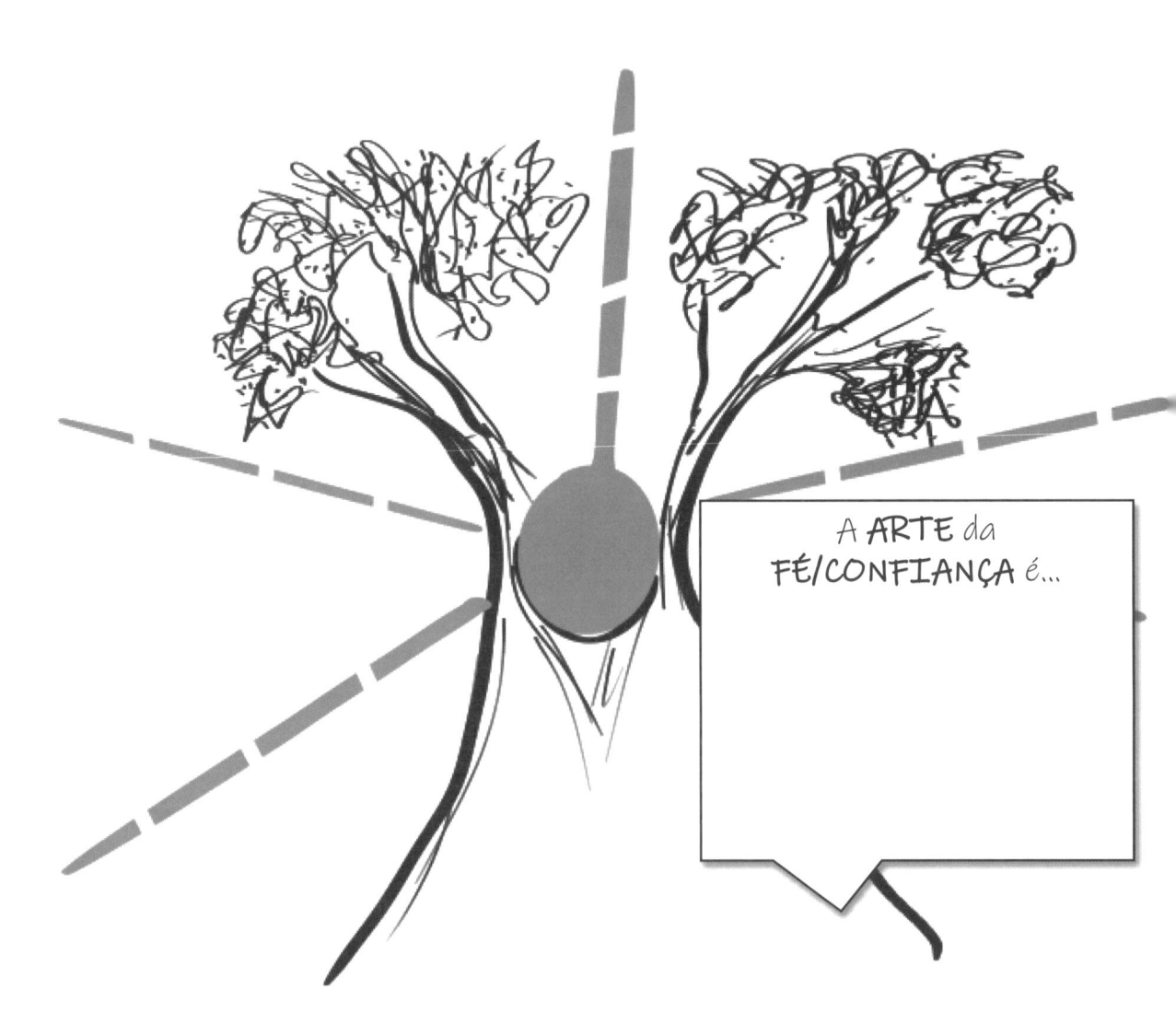

A **ARTE** da
FÉ/CONFIANÇA é...

As Cores no Coração

As Cores no Coração

As Cores no Coração

AÇÃO

O que impulsiona

As Cores no Coração

A ARTE da **AÇÃO**, é...

As Cores no Coração

As Cores no Coração

As Cores no Coração

Puro

AMOR

Manifesto em luz

As Cores no Coração

A **ARTE** do puro **AMOR** é...

As Cores no Coração

As Cores no Coração

LUX Lewis

As Cores no Coração

TRANSMUTAÇÃO

As Cores no Coração

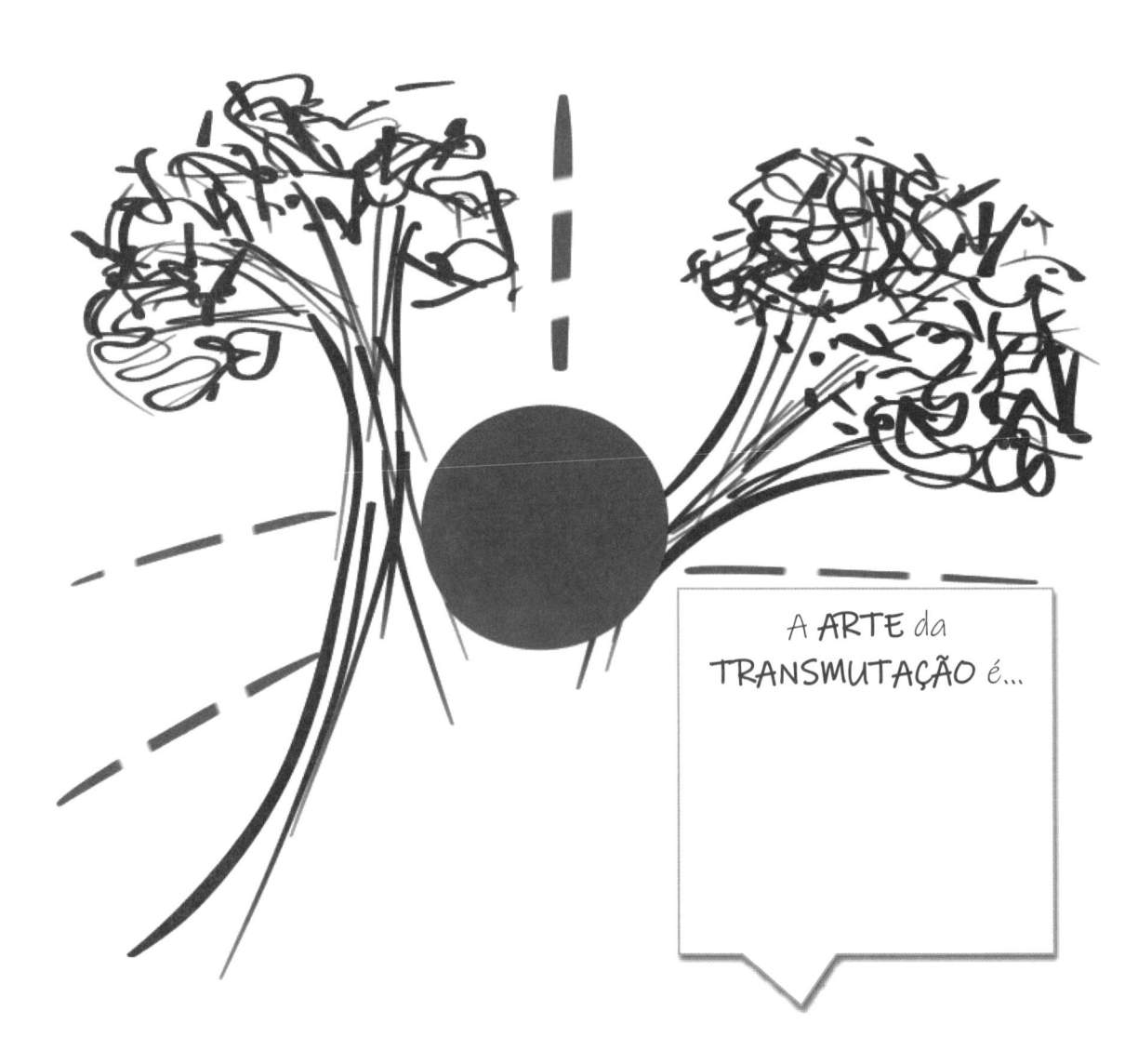

A **ARTE** da **TRANSMUTAÇÃO** é...

As Cores no Coração

As Cores no Coração

As Cores no Coração